選手の実力を引き出す32の〝実戦的〟方法

もっとその気にさせる
コーチング術

スポーツメンタルトレーナー
高畑好秀 著

体育とスポーツ出版社

まえがき

近年、少子化や趣味の多様化などの影響によって、中学・高校のクラブ活動の活動率が低下しているそうです。とくに運動部については避けられる傾向が強く、入部しても基礎体力がないためにすぐに辞めてしまう部員も多いようです。

そんな状況の中、指導者は部員集めからクラブ存続の心配までをしなくてはなりません。というのは、練習を長くすると「勉強が……」、練習を厳しくすると「そんなつらい思いをしてまで……」、レギュラーから外れると「もう自分は必要とされていないから……」と、選手たちは簡単に辞める理由を口にして去っていってしまうからです。

また昨今では、モンスターペアレントの問題を見てもわかるように、何かというとすぐに親が指導者に口を出してきます。このように、指導者はいろいろな面に神経を使い、疲れはてています。昔のように、単純に選手やチームを強くするために指導していればいいという時代ではなくなっているのです。

このような状況の中で毎日を過ごしていると、「自分がここまで一生懸命やっているのにどうしてうまくいかないのか」と、その要因を選手を取り巻く「時代」や「社会」のせいにしたい気持ちも起こってきます。

しかし、そこに逃げてしまったら、それまでの苦労は水の泡です。選手たちを変えていくことはできませんし、クラブ活動のしかたも改善することができません。確かに、10年前、20年前と今とでは、クラブ活動を取り巻くいろいろな環境が変化しています。中には理不尽なこともあるかもしれませんが、それでも暑い日にはTシャツ、寒い日にはコート、雨の日にはレインコートと服を使い分けるように、状況の変化に合わせて適応していかなくてはいけないのです。

主役はあくまでも選手であって、目的は「愛情をもって選手をしっかりと育てていくこと」です。指導者は、この根っこの部分をブレさせないで、主役である選手に合わせた指導のしかたを考えていかなければなりません。

今、日本中がオリンピックで盛り上がっています。

最終的に日本選手の成績がどのようになるのかはわかりませんが、連日、われわれ視聴者が感動するようなパフォーマンスを見せてくれています。

今回出場した選手の中には、私がお話させていただいた方が何人もいます。彼らが並外れた才能の持ち主で、たいへんな努力を積み重ねて今日に至っていることは確かですが、そのほかに共通して言えることは、競技を始めてからこれまでに〝良い指導者〟に巡り会っているということです。

本書では、具体的なコーチングの方法論を紹介していますが、これを参考にして指導現場でさらなる創意工夫がなされ、明日のオリンピック選手が育てられていくことを願っています。

CONTENTS

ほめ方、しかり方 ◉ How to praise, how to cut by carrying out

信頼される指導 ◉ Instruction trusted

第2章

やる気が起こる環境をつくる

第3章
実力アップのための練習を考える

目的のはっきりした練習 ◎ Practice in which the purpose clarified

第4章 試合前後のメンタル調整法を考える

試合に臨む指導者の心得 ◉ Knowledge of the leader who attends a game

第1章

選手と指導者のより良い関係をつくる

コミュニケーションはすべての基本。
より良い関係をつくるために
指導者が心得ていなければいけないこととは?

「コーチング」について考えるとき、まず第一に頭に浮かぶのは「選手と指導者の関係づくり」ということです。選手も人間、指導者も人間ですから、より良い関係を築くためのコミュニケーション法や接し方のコツがきっと見つかるはずです。

この章では、それを実践するために、次の三つのテーマについて考えます。

1 選手との接し方
2 ほめ方、しかり方
3 信頼される指導

この章のテーマ

1 選手との接し方

選手と指導者の間でどのようなコミュニケーションを図るのか、これによってコーチングのあり方が大きく変わってきます。その基本は、言葉と表情によっていかに自分の言いたいことを伝えるか。そのことを中心に、選手とどのように接したらいいのかについて見ていきます。

↓

❶選手と指導者の適切な距離感をつかむ
❷指導者の発言は選手に大きな影響を与える
❸「提案型」の指導で本質が考えられるようにする

❷ほめ方、しかり方

コーチングの基本中の基本といってもいい「ほめる」と「しかる」。選手の心に直接働きかける行為であるだけに注意が必要です。どのような状況で、何に気をつけて、どうやってほめたり、しかったりすればいいのか。具体的な例をあげながら見ていきます。

❹状況によって「怒る」と「しかる」を使い分ける
❺ほめるとき、しかるときには「姿勢」を強く意識する
❻プラスのイメージがもてるようなしかり方をする

❸信頼される指導

選手が理解しやすく、かつ信頼できる指導とは。ここでは、何に注意して、どんな教え方をするのがベストなのか、選手に信用される指導者の姿とはどのようなものかについて見ていきます。

❼指導者は選手以上に「学ぶ」姿勢をもつ
❽欲張ることなくポイントを決めて指導する

1

選手との接し方①

選手と指導者の適切な距離感をつかむ

How to touch with a player 1

指導者は選手に対してさまざまな顔を見せる

一般的に、選手は指導者を「怖い存在」ととらえていることが多いものです。私は、指導者が怖い存在であることに否定的ではありませんが、注意したいのは、練習が終了したあとも、選手が指導者のことを「怖い存在」であると感じてしまう場合です。

指導者の立場からすると、選手に対する威厳を保つために、練習以外の時間であっても「気を抜くことはできない」という心理が働きます。実際、私のまわりにも、一度選手になめられたら威厳を取り戻すのは難しいと感じている指導者がたくさんいます。

一方、選手の側からすると、「指導者＝怖い存在」という意識がインプットされると、気軽に相談するという雰囲気ではなくなってしまいます。そうなると、選手も指導者に心を許せず、指導者もまた選手に心を許せないという表面的な関係になってしまいます。

ではどうすればいいかというと、指導者は「練習中は厳しく、それ以外のときは優しく選手に接する」ことを心がけます。

たとえば、練習のときもそうでないときも選手に厳しく接していると、選手心理として「この人は、自分が憎らしくていつも怒っているのかもしれない」という気持ちを抱きかねません。しかし、メリハリをつけて練習以外では優しく接していると、「この人は元々優しい人なんだ。練習のときあんなに厳しくするのは、自分たちを強くしたいからなんだ」と思うようになります。練習中の厳しさが同じ程度だとしても、それ以外のときにどんな態度で接するかによって、選手の心理はまったく違ったものになるのです。

私は、コーチングのスタンスについて、選手と指導者がそれぞれの立場で向き合うのではなく、「人間対人間」として向き合うべきであると考えています。指導者は、練習が終了したら一人の人間としてリラックスできたほうがいいですし、そういった姿を見れば、選手も練習のときの過度の緊張状態から解放されることになります。

メリハリをつけるのが苦手な日本人

じつは、日本のスポーツ選手が抱えるメンタル面の問題の一つに、「緊張しているときとリラックスしているときのメリハリがつけられない」ということがあります。練習が終了しても、指導者が目の前にいると練習時の緊張感が持続して、それを引きずってしまう傾向があるのです。

このことは、試合にも大きな影響を及ぼします。本来リラックスするべき試合前の時間でも、指導者がそばにいるだけで早くから緊張状態がスタートして、いよいよ試合が始ま

「練習中は怖い人」と「ふだんは優しい人」を、ときに応じて意識的に使い分ける。

るというときには、心理的にとても疲れてしまうというケースがあります。

本来なら、指導者は試合前の状況に応じて選手のメンタル面をコントロールする必要があるのですが、それとは逆のマイナスの状態を招いてしまっているわけです。

「人間対人間」のコーチングを実践する

繰り返しになりますが、「人間対人間のコーチング」という点からいって、指導者は練習以外の時間には、自分のもっているいろいろな側面を選手に見せることが大切です。選手が指導者のありのままの人間像を見ることができれば、心理的にもかなりの親近感を感じられるようになり、それが指導者の心の中に入りこみやすくするための「スキをつくる」ことにつながります。

いわゆる〝スキのない〟指導者のもとで指導を受けた選手は、心理的圧迫を感じて息苦しくなるものです。しかし、練習中は完璧性を見せていても、そこから離れた場所や時間に不完全な部分を見せていれば、選手はその心理的圧迫から解放されるのです。

心理的に圧迫されている状態が続けば、選手にとってはそれだけ自分の〝不完全さ〟が強調されていくことになるので、「無力感」を生む危険性が大きくなります。指導者はこの点に十分留意して、練習中とそれ以外のときの選手との接し方にメリハリをつけるようにしてください。

ポイントはここだ

「練習中」と「それ以外のとき」に見せる顔にメリハリをつけて、
選手たちと「人間対人間」としてつき合えるようにする。

2

選手との接し方②

指導者の発言は選手に大きな影響を与える

How to touch with a player ❷

指導者のマイナスの言葉が選手の心理に与える影響

言うまでもなく、指導者は選手がスポーツを続けていくうえでとても大きな存在です。ですから、指導者が発する言葉の一言一言は、選手の心理に多大な影響を与えます。

たとえば、指導者がよく使う言葉に「失敗するなよ」「負けるなよ」があります。ふだん何気なく口にするこれらの言葉も、場合によっては、マイナスの効果をもたらすことがあります。選手がこれらの言葉を耳にしたとき、「失敗」とか「負ける」というネガティブな部分ばかりが心に残ってしまい、マイナスイメージをもったままプレーをしてしまうのです。

この「失敗するなよ」「負けるなよ」という言葉は、指導者自身のイメージの中にある、選手が失敗したり負けたりするマイナスイメージを何とか打ち消したいという気持ちから発せられています。反対に成功するイメージが強ければ、「きっとうまくいくよ」という言葉になるはずですから、指導者の心配する気持ちが選手に微妙に伝わってマイナスイメージを強化しているわけです。

選手がプラスイメージをもてるように声をかける

　では、指導者は選手にどのような声がけをすればいいのでしょう。たとえば、先ほどの例であれば、選手が失敗するイメージが浮かんだとしても、それをすぐに言葉にするのではなく、一度その選手が成功するシーンを思い描いてから「成功するよ」という言葉に変換します。すると、指導者のイメージが選手にも伝わり、成功や勝利というプラスイメージの言葉が心に残るので、選手は自信をもって自分のプレーに臨むことができます。

　そのほかの例としては、練習のときに、指導者が不調の選手に対して「どうも最近不調だな。肘の使い方が悪いんだ」などと声をかけるケースがあります。これも、選手にとっては非常にマイナスです。自分で調子がよくないと思っているところに、指導者からそのように言われることで、自分が不調だということをさらに強く心に印象づけてしまうのです。

　この場合には、「肘の使い方以外は調子がいいよ。ただ、肘の使い方を○○のようにするとさらに調子がよくなるよ」という言い方をします。

　前者は、「肘の使い方が悪い」と否定的なのに対し、後者は使い方を修正すれば調子がよくなるということで、あくまでも「調子がいい」ということを選手に印象づけています。前者が選手の調子を全面否定している（言っている本人にそのつもりがなくても）のに対

何気ない一言が選手の心理に影響するので、つねにポジティブになれる言葉を意識する。

し、後者は、一言も調子が悪いという言葉を使わず、一部分以外はすべて肯定しているのです。

そのほか、指導者がよく口にする言葉として「だらだら動くな」「一体何をやってるんだ」などがあります。これらは、選手の現在の状態を否定するものですが、同じ内容の言葉でも、「きびきび動こう」「しっかり集中してやろう」と言えば、選手は否定ではなく促進としてその言葉をとらえることができ、前向きに練習に取り組むことができます。

選手をしかるときの言葉にはとくに注意する

指導者が選手をしかるときに、「まったくダメだなあ」「才能ないんじゃないか」という類の言葉を思わず使ってしまうことがあります。もちろん本気で言っているのではなく、なかなか上達しないことに対するいらだちから、つい口をついて出てしまうのです。

しかし、自分にとって大きな存在である指導者からこのように言われると、選手はチームメイトに言われるより何倍も大きなショックを受けてしまいます。選手心理に与える影響は、「つい言ってしまった」では済まされないくらい深刻なものになるのです。

「ダメな選手」「才能がない」というのは、いわば、スポーツ選手としての能力を〝全否定する言葉〟といっても過言ではありません。選手にとっての指導者の存在の大きさをつねに念頭に置きながら、自分が発する言葉の一つひとつが選手心理にどのように影響するかを考え、判断していく慎重さが指導者には望まれます。

ポイントはここだ

選手には、マイナスのイメージではなく、プラスのイメージができるような言葉をかけて、成功へと導く。

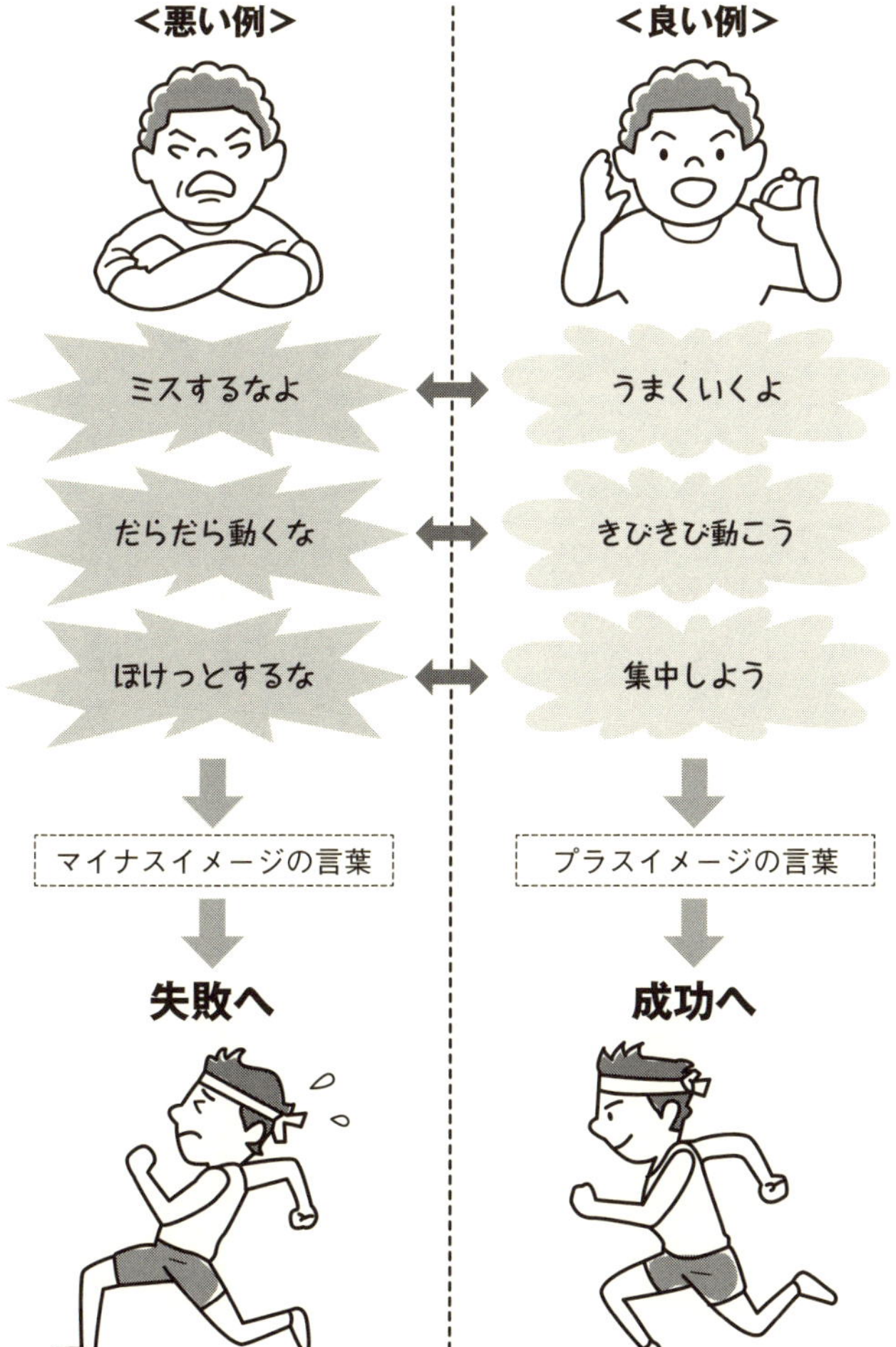

3

選手との接し方③

「提案型」の指導で本質が考えられるようにする

How to touch with a player ❸

スポーツで礼や挨拶をすることの意味

いろいろなスポーツの現場で、練習場や試合会場に入るときに選手が礼をしている光景を目にします。それだけを見ると、よく教育をされた礼儀正しい選手たちだと感じますが、彼らは学校の教室に入るときにも礼をしているでしょうか。また、道で近所の人に会ったときにもきちんと挨拶しているでしょうか。

選手は、指導者の「眼」に対して非常に敏感です。つねに「怒られたくない。評価を下げたくない」と思いながら行動しています。だから、指導者がそばにいたり、関係者の眼がまわりにあるときは、意識して礼や挨拶をします。しかし、ひとたびクラブ活動から離れたとき、どのような行動をとるのか、ここが大きな問題です。

あなたのチームの選手たちはどうでしょうか。かりに、練習場や試合会場などの決まった場所や、関係者の眼があるときにしか実行しないとしたら、それはあくまでも表面的なものでﾞ、礼や挨拶の意味について本質的には何も理解していないということになります。
そして、これは選手の問題という以前に指導者の問題といえるのです。

なぜなら、選手をそのようにしているのは指導者だからです。スポーツの現場で行われる礼や挨拶は、スポーツでしか通用しないものではありません。日常的に必要なものです。そのことをきちんと教えて、かつ指導者自身が日頃から実践していれば、選手はそれを見て、自然に見習うようになるものです。

「命令型」ではなく「提案型」の指導をする

スポーツの現場で教えなければならないことには、いろいろな種類のものがあります。技術の指導にはじまってメンタル面のこと、体調管理のこと、日常生活に関わることなど多岐にわたっています。

これらを指導するにあたって心に留めておいてほしいのが、「命令型」ではなく「提案型」の指導を心がけるということです。たとえば、「グランドに入るときは礼をしろ！」「先輩に会ったら挨拶をしろ！」「道具を大切にしろ！」と命令口調で言うのでなく、「礼をしてみよう」「挨拶してみよう」「大切にしてみよう」など、提案型で選手を指導するのです。

命令型は、命令して相手がそれに従えばコトはそれで終わりです。しかし、提案型は相手に対して提案をしているので、その答えを求めることが必要になります。「挨拶をしてみてどうだった?」「道具を大切にしてみてどう感じた?」と選手に聞けば、選手は、実際にやってみて自分自身がどう感じたのかに意識を向けるようになります。そして、やっ

「命令型」ではなく「提案型」の指導を心がけていると、選手は自問自答しながら物事の本質を考えられるようになる。

てみた結果気持ちよく感じることができれば、さらに積極的に実践しようとします。

このようにして、感性と思考に働きかけながら選手自身に答えを出させるようにすると、大きな変化が出てきます。それまでは、何も考えず言われるままに行っていたことについて、「どうしてやらなければいけないのか」「よりよくするためにはどうすればいいのか」ということまで考えるようになり、単にクラブ活動の範囲を超えて日常生活の一環として物事をとらえるようになるのです。つまり、表面的ではなく、本質的にいろいろなことを考えられるようになります。

ピグマリオン効果で「プラスの循環」をつくる

「ピグマリオン効果」というものがあります。指導者が抱く期待がプラスでもマイナスでも、選手はそれに影響されて指導者が期待する結果を出そうとするというものです。

ここで注意しなければいけないのは、「どのような期待をもつか」です。当然マイナスのものではなく、「必ず成長してくれる」というようなプラスのものでなければなりませんが、期待のかけ方も重要です。一気に結果を望むのではなく、「今よりも少しプラスの期待」をするのが効果的です。また、たとえ今はできなくても、必ず成長してできるようになるはずだと忍耐強く待つ姿勢をもつことも大切です。

冒頭の話に戻りますが、そもそも「クラブ活動の場でしかできない」というのがおかしなことであって、これまで述べてきた指導を心がけていれば、選手は自分の意志で自然にできるようになるはずです。そのことをもう一度考えてみてください。

ポイントはここだ

「今よりも少しだけプラスの期待」をかけながら選手を忍耐強く
見守れば、必ず成長を示してくれる。

期待のループ
（期待と因果）
その選手の技術、
身体能力、態度
など
指導者による
発見
指導者に期待
が生まれる
指導者にその選手に
対するプラスイメージ
がつくられる
指導者による選手に対する
期待を込めた言動
選手による
指導者からの
期待に対しての
気づき
選手による
指導者からの
期待に応える
行動

4

ほめ方、しかり方①

状況によって「怒る」と「しかる」を使い分ける

How to praise, how to cut by carrying out ❶

「怒る」よりも「しかる」ほうがいい理由

「怒る」と「しかる」は、似ているようで違います。簡単にいうと、「怒る」は選手の反応をほとんど考えていないのに対して、「しかる」は選手の反応を計算に入れた、長期的な計画に基づく行為です。つまり、「怒る」が感情的であるのに対し、「しかる」は論理的といえます。また「怒る」ことは指導者のストレスの解消につながりますが、「しかる」ことは逆に指導者の内面にストレスを生みます。

このように、同じように見えても、両者の間には大きな差があります。

もちろん、スポーツに限らず、「怒る」よりも「しかる」ほうが好ましいのは言うまでもありません。それは、人間と人間が向き合うとき、自分が感情的になれば相手も感情的になり、もし怒りの感情をぶつけたとすれば、相手も自分に対して怒りの感情をもつことになるからです。これは「感情の適応」といって、人間誰もがもっている自己防衛本能からの指令ですが、指導者と選手の間でもまったく同様のことがいえるのです。

指導者が注意しなければならないことは？

もちろん、選手対指導者の場合、両者があからさまに怒りをぶつけ合うということはあまりありません。表面的には、指導者が怒っているとき選手は逆らわず、黙って反省の表情を見せています。

しかし、これは「自分が逆情すると、指導者との間が気まずくなって、レギュラーから外されるかもしれない。だったらここはおとなしくしていよう」という計算された反応である場合がほとんどです。

ここで注意したいのは、指導者は、自分の怒りを選手にぶつけることでストレス発散になっているけれども、選手は、感情を抑圧しなくてはいけないので、その分だけストレスをためこんでいくことになるという点です。

ある意味で、選手のほうが指導者よりもずっと冷静に対応しているといえるのですが、これに対して指導者は、自分は「怒っている」のではなく「しかっている」と錯覚しているケースが多々あります。怒っているときは、頭に血が昇って冷静さを欠いているので、自分で「怒っている」のか「しかっている」のかを、客観的に判断することができなくなっているのです。これは、指導者が冷静に自分を見つめて気づかなくてはならない大切なポイントです。

「怒る＝感情的なもの」、「しかる＝論理的なもの」であると理解したうえで行動する。

❖「怒る」を効果的に使う方法

「怒る」よりも「しかる」ほうがいいと述べましたが、私は、選手を指導していく中で、ときにアクセントとして意図的に怒ってみてもいいと考えています。

なぜなら、しかるほうが、怒るよりも選手の心に与えるダメージは少ないので、これが何度も続くと、選手の心の中に「しかられることに対する慣れ」が生じてくるからです。慣れが生じると、「またいつものことか」と感じてしまい、指導者の言いたいことが選手の心に届かなくなります。そうなると、しかることの意味がなくなってしまいます。

そこで、アクセントとして「怒る」のです。すると選手は「今日はいつもと違うな」と感じますが、これが選手の意識を指導者に集中させることにつながります。同じ「怒る」でも、いつも怒っていたのでは選手の反発心を強化するというマイナスの作用しかありませんが、このように効果的に怒るようにすれば、「こんなに怒るほど大切なことなんだ」と、選手を納得させることができます。

これまで述べたことをまとめると、「この線までは、自分の感情を抑えてでも冷静にしかろう。しかし、それ以上になったら、あえて選手を怒ることにしよう」という具合に、自分なりの基準を決めておく必要があるといえるでしょう。

そういう意味で、指導者は演技者である必要があります。「怒る」と「しかる」を計算して使い分けるため、指導者自身にもメンタルコントロールが求められます。

ポイントはここだ!

指導者の「怒る」「しかる」の微妙な違いを選手は敏感に感じ取り、
それが反応となってあらわれる。

・論理的
・長期的展望に立った見解
・指導者：ストレス発生
・選　手：ストレス少し

・感情的
・突発的
・指導者：ストレス発散
・選　手：ストレス増大

※「しかる」を基本にしながら、ときには「怒って」選手の意識を集中させるなど、両者を使い分けられるのが理想的。

5

ほめ方、しかり方②

ほめるとき、しかるときには「姿勢」を強く意識する

How to praise, how to cut by carrying out ❷

「直立不動できちんと整列」は逆効果？

指導者が選手をしかるとき、きちんと整列させ、直立不動の姿勢をとらせて……という光景を見かけることがあります。

このとき、選手たちはどのような気持ちでいるのでしょうか。しかられているときの選手は、「しかられる」ということ自体で極度の緊張を感じています。それに加えて、きちんと整列するということは、「気持ちが引き締まる」という点で緊張感を増幅させます。また、直立不動の姿勢は体の各所に力が入るため、筋緊張を発生させます。この筋緊張は、心理面の緊張にもつながります。

したがって、このようなしかり方は、選手の緊張感を何重にも高めることになります。そして、選手の極度の緊張は、心理面にブロッキングと呼ばれる壁をつくったり、自己防衛本能を呼び起こして、自分に与えられた緊張を相手にも与えようという心の働きを促進

します。それが、指導者に対する反発心をつくり出したりします。

そうなると、たとえ指導者が選手のためを思ってしかっているとしても、選手の反発心が強まって素直さがなくなり、指導者の気持ちを受け入れられなくなってしまいます。

しかるとき、ほめるとき、どんな姿勢をとらせればいいか？

これでは、指導者は何のためにしかっているのかわかりませんから、選手を緊張させる要素をできるだけ取り去ることが大切になります。

そのためには、選手をきちんと整列させるのではなく、アトランダムに並ばせ、直立不動ではなく、座らせるなどの工夫をする必要があります。たとえば、選手たちに肩を組ませたり、手をつながせたり、円陣を組ませたりするのも効果的です。

肩を組む、手をつなぐという行為には、恐怖心や緊張感を和らげる作用があります。怖い映画を観たり、ジェットコースターに乗っているときに無意識に隣にいる知人の手を握ったりすることがありますが、これは人間の本能的な行動なのです。

緊張感が和らげられた状態、すなわちリラックスした状態は、物事を受け入れるには最適です。素直な気持になれ、心のブロッキングも発生しないので、選手もしかっている指導者の気持ちを理解し、その言葉も心の奥底に響くはずです。つまり、しかるときは、できる限り選手がリラックスできる状況をつくると効果的なのです。

では反対に、選手をほめるときには、どのような姿勢をとらせたらいいのでしょうか。

これはしかるときの逆、つまり、選手を整列させて、直立不動の姿勢をとらせるのが正解

選手、指導者それぞれの「姿勢」によって、ほめる、しかるの演出をすることができる。

です。選手は、ほめられることでつい調子に乗ってしまったり、気持ちに緩みが生じたりします。そうした選手の心理を助長させないためにも、しかるときとは逆に緊張感が増す要素を加えて、バランスをとるのです。

しかるとき、ほめるときの指導者の姿勢も重要

ここまで、しかるとき、ほめるときの選手の姿勢について述べましたが、指導者の立ち位置や姿勢についても注意点があります。

左ページの上のイラストをオープンスタンス、下のイラストをクローズドスタンスといいますが、このスタンスの違いによって、選手の受ける印象は変わってきます。前者は指導者が自分を受け入れてくれているという印象を、後者は、指導者が自分に対して攻撃的であるという印象を与えます。

たとえば、しかるときに指導者がクローズドスタンスをとったとすると、選手の反発心をあおる危険性があるので、この場合はオープンスタンスをとるのが妥当です。反対に、ほめるときは、前述した意味からもオープンではなくクローズドスタンスがよいでしょう。

以上のように、指導者は選手をほめたりしかったりする際には、あらゆることに気を配る必要があります。これを無視してそのときの気分だけで行動すると、指導者の意図とはまったく逆の方向へ選手を導いてしまう可能性が出てくるのです。

指導者は、自分の一挙手一投足が、どのように選手の心理に作用するのかを正確に知り、選手の心理面のバランスを保つように心がけてください。

ポイントはここだ

「何を伝えたいか」により、話を聞く選手、話をする指導者それぞれにとって効果的な姿勢がある。

<しかるときの姿勢>

<ほめるときの姿勢>

6

ほめ方、しかり方③

プラスのイメージがもてるようなしかり方をする

How to praise, how to cut by carrying out ❸

「反省」にもプラス面とマイナス面がある

選手がミスをしたとき、あるいは試合に負けたとき、反省を促すのも指導者の大きな役目です。なぜなら、反省は次の課題を見つけるために必要不可欠なことであり、類似したケースに遭遇したときの解決策となって、多くのプラスを選手に与えてくれるからです。

ここで注意したいのは、反省は今述べたようなプラスの面と同時に、マイナスの面ももち合わせているということ、すなわち「反省はマイナスイメージの強化につながる場合がある」ということです。

反省という作業は、ミスした場面を何度もイメージ化することによって行われます。この繰り返しによって、ミスのマイナスイメージが強化され、そのイメージを消し去ろうとしても難しくなることがあるのです。

これに加えて、反省は自信喪失の要因ともなります。反省するときは、どうしてもプラスの面よりもマイナスの面に着目しますが、そうすると、「このプレーの○○が悪かった。□□もよくないな」という具合に、一つひとつのプレーについてあら探しをするようになります。そして、この行為を何度も行っていると、徐々に自分のプレーに対して否定的な気持ちが強くなり、それが自信の喪失につながってしまうのです。

「もし」を用いて逃げ道をつくる

反省とは、突きつめていけば自分の心の逃げ道を断ち切る行為になりますが、自信を喪失したままでは反省した意味がありません。マイナスの方向ではなく、プラスの方向に心をもっていくようにする必要があります。そこで役立つのが「もし」という言葉です。

スポーツの世界に「もし」はあり得ないとよく言われますが、「もし」はとらえ方によっては、マイナスの逃げ道ではなく、プラスの逃げ道をつくることに結びつくのです。

たとえば、プロ野球選手がエラーをしたあと、小首をかしげながら自分のグラブを見つめたり、グラウンドを足でならしたりするシーンを見かけますが、これも気持ちを切り替えるための、プラスの「もし」です。「もし、使い慣れたグラブを使っていたら」「もしイレギュラーしなかったら」……自分はミスをしなかったというわけです。

かりに「もし」によってプラスの逃げ道がつくれなかったとしたら、選手はきっと心理的に極限まで追い込まれて、つぶれてしまうでしょう。「もし状況が違っていたら、このミスは自分の実力からいっても生じなかっただろう」と考えれば、反省によってマイナス方向に行きかけた心理を、プラス方向に向けることができるのです。

選手にミスなどを反省させるときは、心の中に「逃げ道」がつくれるように配慮する。

また、「もし○○だったら」と考えるときは、強いイメージの力を必要とするので、マイナスイメージが強化される前の早い段階でプラスイメージに転換することが可能になります。つまり、同じ反省をするにしても、一つ原因が見つかるごとに「もし○○だったら」と考え、成功したイメージを頭に思い浮かべることができれば、次のプレーへのイメージトレーニングになるということです。

意味のある「言いわけ」をさせるためのコーチング

指導者の中には、「言いわけめいたことは一切言わせない」という人もたくさんいますが、今述べたことを考えれば、「言いわけはまったく許さない」というのは決していいことではないと気づくはずです。

確かに反省もせず、最初から最後まで言いわけばかりする選手に対しては、許す必要はありません。そういう選手にとっては、この逃げ道はマイナスにしかなりません。しかし、反省ばかりして委縮してしまう選手に対しては、指導者の声がけが重要になります。反省しているときに、タイミングよく「でも、もし○○だったら、今のミスはなかったもしれないな」という具合に声をかけてあげるのです。選手は、指導者からそのように言われると、言葉にされた「もし○○」の場面をイメージするはずです。

重要なのは、反省の中にもプラスイメージがもてるようにして、選手の自信喪失に歯止めをかけるということです。反省することは、スキルの向上にとって大切なことですが、マイナスの側面も十分理解してコーチングに役立てていく必要があります。

ポイントはここだ！

「逃げ道」がない状態で一方的に攻められると、
心理的に追い込まれてつぶれてしまう可能性がある。

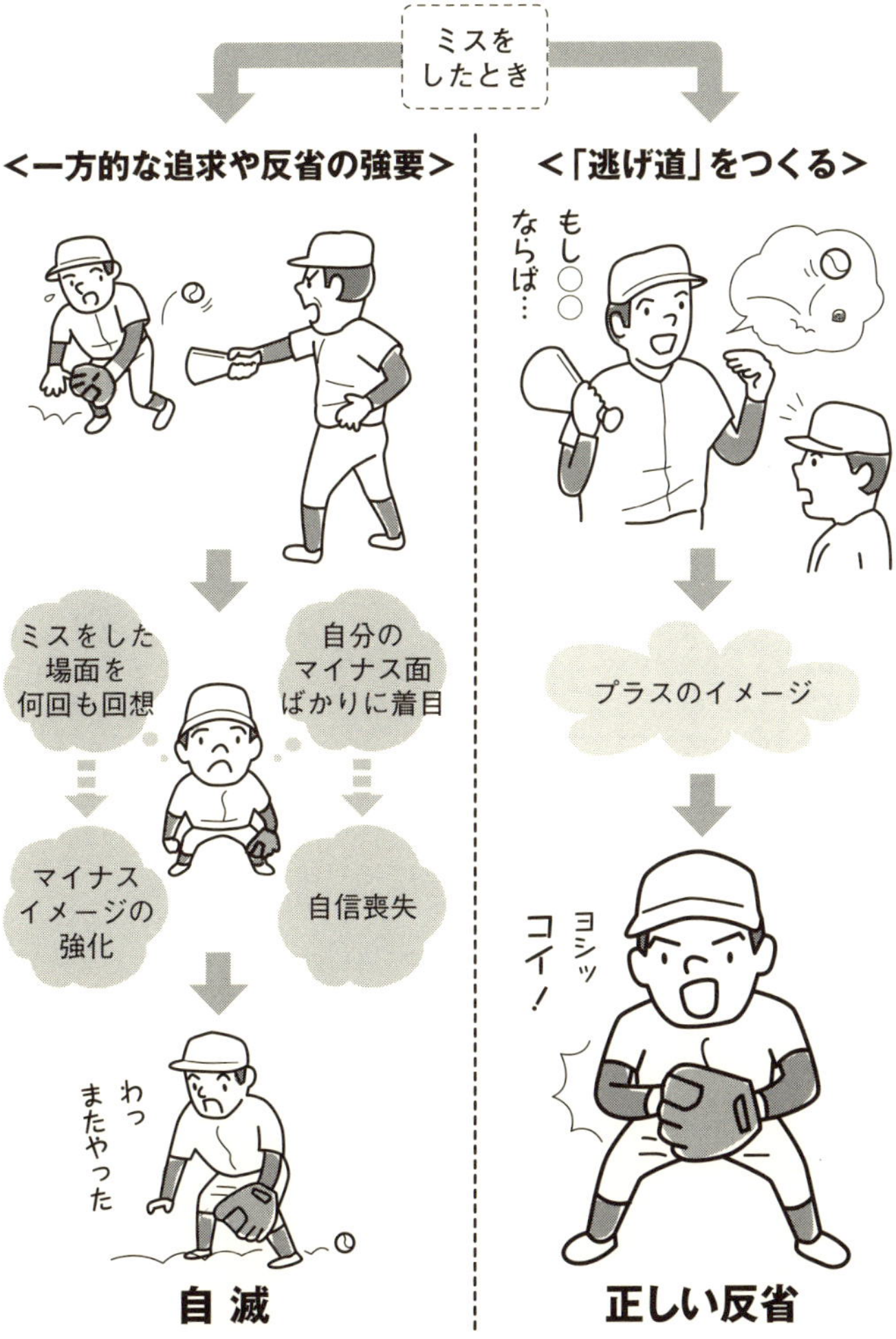

ミスをしたとき
＜一方的な追求や反省の強要＞
ミスをした場面を何回も回想
マイナスイメージの強化
自分のマイナス面ばかりに着目
自信喪失
わっまたやった
自 滅
＜「逃げ道」をつくる＞
もし○○ならば…
プラスのイメージ
ヨシッコイ！
正しい反省

7

信頼される指導①

指導者は選手以上に「学ぶ」姿勢をもつ

Instruction trusted ❶

「継続は力なり」の前提条件とは?

突然ですが、3×3はいくつでしょうか。誰もが即座に9と答えられると思いますが、それは「さざんがく」という九九が頭の中にインプットされているからです。では、九九を憶えるときに間違って「さざんがろく」と憶えていたらどうでしょうか。おそらく何も考えずに6と答えるに違いありません。

九九を暗記するときには、何度も何度も反復して、半ば感覚的に憶えるものですが、この最初の段階で間違って憶えてしまうと、その努力は無駄に終わってしまいます。「継続は力なり」といいますが、誤った継続は力になるどころかマイナスになってしまうのです。

大切なのは、正しい継続こそが力になるということです。では、この場合の正しいとはどういうことかというと、それは理にかなっているということ、すなわち3×3とは「3を3回足すことだ」ということです。このことを理解している限りは間違うことはないし、かりに間違っていても途中で気づくことができます。

理屈を教えずに「努力が足りない」としか言わない指導者

さて、スポーツに関しては、「センス」や「感覚」という言葉が頻繁に使われます。我々は感覚的に体を動かしているということになりますが、ここで注意したいのが、理屈に合わない間違った身体運動を継続していないかということです。もしそうであれば、上達するどころか、やればやるだけ下手になり、流した汗はすべて無駄になってしまいます。

たとえば、誰もが経験した逆上がり。これを理屈で説明すると次のようになります。棒に、長い糸に吊るした五円玉と短い糸に吊るした五円玉を用意して、同じ力で押します。短いほうは簡単に棒のまわりを回転しますが、長いほうは大きく揺れるだけで回転はしません。次にハンガーを用意して、そのフックを順手方向と逆手方向にかけて回します。順手方向のハンガーは回転の頂点で落下しますが、逆手方向のハンガーはきれいに一回転します。

この理屈を説明したうえで「好きなように逆上がりをして」と言われたら、腕を長くして順手で鉄棒を握って逆上がりをしようとする人はいないでしょう。しかし、そのことを教えずに逆上がりをさせて、できない子どもには「できないのは努力が足りないからだ。とにかく人の何倍も練習しろ」としか言わなかったとしたらどうでしょうか。たぶんその子は、いつまでたっても逆上がりができないうえに「自分は運動神経がよくないからしかたがないんだ」と思い込んでしまうでしょう。このように書くと極端な例のように思うか

理論を踏まえたうえでの技術指導でないと、選手は心から納得できず思うような結果も得られない。

もしれませんが、じつはスポーツの現場ではこれと同じような光景をよく目にします。

信頼される指導者は勉強を怠らない

さらによくないのは、指導者の勉強不足です。これには、自分の経験則や固定観念だけを拠りどころにする、聞きかじりの知識を鵜呑みにするなどいくつかのパターンがありますが、いずれにしても自分の感覚だけを頼りに判断をして、それを選手にも強要するという指導のしかたをします。

このような指導者は、ともすると自分の勉強不足を棚に上げて「余計なことは考えないで言われた通りにやればいいんだ」というセリフを口にします。たいていの場合はかなり高圧的な言い方をするので、選手も「何かおかしいな」と感じながら質問もできず、しかたなく言われた通りのことをせざるをえません。そして、最後には自ら考えることを放棄して、無駄な練習を繰り返すようになるのです。

もちろん、つねに最新かつ完璧な理論をもつことは不可能です。ただ、選手以上にその種目について考えたり、理論について学んだりする姿勢を失ってはいけません。「どうしたらより速く走れるのか」「今よりも遠くに飛ばすためには何をどうすればいいのか」など、つねに疑問をもちながら、それを解決するための理論について勉強していく。私のまわりの信頼される指導者は、そのことの重要性を十分すぎるくらいに理解しています。

指導者は、選手の「今」だけではなく「将来」についても強い影響を与えるのだということをしっかりと認識してください。

ポイントはここだ！

自分の勘や固定観念を頼りにするのでなく
つねに新しい理論を追求する姿勢が信頼を呼ぶ。

<良い指導者>
<悪い指導者>
あり
理論の裏づけ
なし
ガタガタ言わずにとにかくやれ！
なし
日々の勉強
あり
スポーツ
マンガ
コツがつかめた
何かへんな感じ
?

8

信頼される指導②

欲張ることなくポイントを決めて指導する

Instruction trusted ❷

一度にたくさんのことを教えるデメリット

選手を指導するとき、「あれも教えたい、これも身につけさせたい」と、一度に多くのことを説明する場合があります。しかし、これは考えものです。

たとえば技術指導において、手、肘、体幹、足の使い方を一度に選手に教えたとしたらどうでしょう。おそらく、選手の集中力は分散され、頭の中にはほとんど何も残らないでしょう。それどころか、一気にいろいろなことを詰め込もうとして、ようやく身につけたスキルにまで混乱が生じてしまう可能性があります。

また、選手は指導者から教えられたことを順々に思い出しながら実践していくため、このような「あれもこれも」の指導法では、教えられた一つひとつのスキルを実践するときに時間的に微妙なズレが生じてきます。そして、この時間的なズレが、そのままフォームのズレをつくることになります。つまり、教えられた通りにしたために、逆に動作がぎこちなくなってしまうということになりかねないのです。

そもそも本来のスポーツ動作は、「無意識のうちに自然に体が動く」といういわば自動化されたものです。たとえば、人は歩き方を意識しなくても自然に歩くことができますが、手や足の動きを意識してしまうと、逆に歩けなくなってしまうものです。

これと同様に、「手は○○、肘は□□、体幹は△△、足は××と教えられた。それを実践するためにはこうやって動かすんだな」などと考えながら体全体の動きを一度に矯正しようとしたら、全体としてのバランスは失われてしまいます。

「一回につき一つのポイント」を指導する

このようなことを防ぐためにも、一回ごとにポイントを絞って指導することが大切になります。たとえば、「今日は手の動かし方についてだけ教えるから、集中的に練習しよう」と伝え、一連の動作の中の、手の部分だけの練習を選手にやらせます。そうすると、ポイントが一箇所だけであるため、全意識をそこに集中させることができ、混乱することがありません。

こうして、全神経を手に向けて練習していると、ある日突然、その手の動かし方が自動化されて、無意識のうちにできるようになります。そして、指導者から見て課題がクリアされたと思えるようになったら、「次は体幹の使い方だけ練習しよう」と、同じようにその部分の動きだけを練習させます。

この繰り返しで、課題となる部位の動きがクリアされたら、最後にそれらの自動化され

同時に多くのことを教えたいという気持ちを抑えて、一つのポイントに絞ったほうが効率的な指導ができる。

た動きを一度にまとめて行わせます。このようにすると、先に指摘した動作のズレが生じることはなくなります。

じつは、これはスランプのときにもっとも注意するべき点です。指導者が技術的な面であれこれと一度に教えようとすることで、自動化された体の一部の動きと、まだ自動化されていない部分の動きとが一連の動作の中で混在してしまい、さらなる状態の悪化を招いてしまうのです。

指導者が「あれもこれも」教えたくなる理由

ではなぜ指導者は、一度に多くのことを教えたくなるのでしょうか。その理由は、大きく二つ考えられます。一つは、できるだけ早く選手をつくり上げたいという指導者特有の心理が働いているため、もう一つは、体の一部分ずつを切り離して練習させてしまうと、全体のバランスをくずしてしまうのではないかという危惧があるからです。

後者については、確かに体の各部分の動きが自動化されないままに、全体の動きをまとめてしまおうとすると、フォームのバランスはくずれてしまいます。しかし、先ほど述べたように、段階を追って体の各部の動きが自動化されるようになってから全体をまとめれば、決して恐れているようなことにはなりません。

選手も指導者も一緒になって、目の前の目標を一つずつクリアしていくというのが、最終的にはいちばんいい方法なのです。

ポイントはここだ

選手の立場からすると、「あれもこれも」でなく
「どれか一つ」にポイントを絞るほうが混乱が少ない。

＜悪い指導法＞

「あれもこれも」

手の使い方
腰の使い方
足の使い方

＜良い指導法＞

「どれか」

手の使い方
腰の使い方
足の使い方
OK
OK
OK

指導者Check！　その❶　あなたの信頼度チェック

	チェック欄
❶ 選手の意見に耳を傾け、正しければ採用する	
❷ 選手一人ひとりをきちんと観察することができる	
❸ 自分の指導方針には一貫性がある	
❹ プライベートでも選手の面倒見がいい	
❺ 判断能力が高いと思う	
❻ 臨機応変な対応ができる	
❼ 選手同士の人間関係をよく知っている	
❽ 公私の区別はしっかりできている	
❾ 選手の技術を的確に評価することができる	
❿ 選手の能力を正しく評価することができる	
⓫ 選手を公平に評価することができる	
⓬ ある程度は選手の自主性に任せることができる	
⓭ 自分が間違っていたら、選手に対しても謝ることができる	
⓮ 選手に対して的確な指示を与えることができる	
⓯ 選手の将来のことを考えて指導している	
⓰ 積極的なミスであれば許すことができる	
⓱ チームの方針や自分の考え方を選手に伝えている	
⓲ 選手一人ひとりの個性を大切にしている	
⓳ クラブ活動の責任は最終的には自分がとる	
⓴ 自分のことよりも選手のことを第一に考える	

◎✔が5個以下：選手から見て信頼度が高いとは言えない。◎6個〜12個：信頼されている。◎13個以上：強く信頼されている。

✔が5個以下の指導者は自意識を少し抑えて、「自分は選手の支えになるのだ」という意識をもつように心がけましょう。

第2章

やる気が起こる環境をつくる

「モチベーション」が維持されてこそ
スキルもメンタル力も向上する。
そのために必要な指導者のノウハウとは？

毎日のつらい練習に耐え、負け試合の悔しさを乗り越えて次なる目標に向かわせる原動力。それは一人ひとりの「やる気」です。これがすべての基本になります。そして、これを維持させる、させないは指導者のもっていき方次第です。

この章では、選手にやる気を起こさせるために、次の三つのテーマについて考えます。

1 モチベーションの高め方
2 偽薬効果の使い方
3 選手と指導者の共通認識

この章のテーマ

1 モチベーションの高め方

選手のモチベーションをアップさせることは、指導者の役割の中でもっとも重要なものです。にもかかわらず、人によっては「やる気のある奴だけついてこい」という形でおざなりにしてしまうこともあります。ここでは、指導者の基本に立ち返って、日々の練習の中のさまざまな場面で実行できる「やる気アップの方法」について見ていきます。

⑨「足し算的発想」の指導で選手のやる気をアップする
⑩真のポジティブさを理解してモチベーションを高める
⑪「プロデュースする」という発想で練習を演出する
⑫「任せ方の五原則」を守って選手のモチベーションを高める
⑬マンネリ防止のためにモチベーションを高める

2 偽薬効果の使い方

選手が、ふだんあまり意識せずにしているのが「自分の限界を決めてしまう」こと。しかし、潜在能力を呼び起こして限界を突破するために必要なのは、自分自身を信じることにほかなりません。ここでは、それを実現するための方法を見ていきます。

↓

⑭「プラシーボ効果」を利用して選手の潜在能力を引き出す
⑮選手の限界を破るためにあえて「ウソ」をつくる

3 選手と指導者の共通認識

選手も指導者も同じ目標に向かっているにもかかわらず、ときとしてお互いに「ズレ」を感じることがあります。ここでは、練習内容やフォームに関するズレをどうやって修正して、共通の認識をもてるようにするかについて見ていきます。

↓

⑯「ズレ」を見抜くための指導者のイメージトレーニング
⑰選手と指導者のプレーイメージのズレを修正する

9

モチベーションの高め方①

「足し算的発想」の指導で選手のやる気をアップする

How to raise motivation ❶

「足し算的発想」の指導と「引き算的発想」の指導

選手にも指導者にも「理想像」があります。「こんな選手になりたい」「こんな選手になってもらいたい」という理想です。かりにこの理想を100点、現状の選手の評価を40点だとした場合、多くの指導者はその差に愕然とし、選手は落ち込んでしまいます。「自分は今40点しかない。あと60点も足りないのにどうしたらいいのか」と、足りない部分にばかり意識が向くようになります。これが「引き算的発想」です。この延長上で指導(引き算的発想の指導)をすると、選手はつねに「あと○点足りない」と言われ続けることになり、人によってはやる気を失っていきます。

これに対するのが「足し算的発想」の指導です。これは、40点が50点になったら、「できなかった□□ができるようになって、10点分も上がった」と考える指導法です。加算された部分がたとえ小さなものであっても、今までできなかったことができるようになったというのは、選手にとってとても大きなことです。その「一歩」に光が当てられれば、当然次のステップをめざしてモチベーションが上がっていくはずです。

ここまで述べたことは、長い石段や山登りをするときのことを思い浮かべればわかりやすいでしょう。全体の半分程度しか登っていない段階で上を見上げたとしたら、頂上までの道のりの長さに愕然として、ギブアップしそうになるかもしれません。しかし、反対に下を見下ろせば、「なんだかんだ自分はここまで登ってきたんだ」と満足できるはずです。

では、八分目あたりまで登っていたとしたらどうでしょうか。おそらく「あと少しだ。がんばろう」と思えるはずです。上を見上げて「あと一息」と思うことがモチベーションアップにつながっているのですが、これは現在自分がいる位置がゴールに近いからこそです。つまり、先ほどの「引き算的発想」の指導は、理想に対して80点から90点程度になったときに効果を発揮するのです。

「足し算的発想」の指導をするときの注意点

「足し算的発想」の指導における評価のポイントは、選手の「能力」ではなく「労力（努力）」に光を当てることです。「ここまでがんばれる力があるじゃないか」「今までは簡単にあきらめていたのに、粘り強くやれるようになったじゃないか」という具合ですが、これは、理想から遠い選手は、能力の評価をしてもさほどの実感をもてないからです。

反対に理想に近づいている上級者に対しては、労力ではなく能力を評価のポイントにします。つまり、初級・中級者には「労力」という尺度、上級者には「能力」という尺度を

「あと○点足りない」ではなく、「前に比べて□点も上がった」というところに注目して指導すると、選手をやる気にさせられる。

当てるということです。

「足し算的発想」の指導をする場合、先ほど述べた下を見下ろす作業を選手に促してみるのも効果的です。選手はともすると今いるポジションが当たり前になるものです。そこで昔の自分を改めて思い出させて、成長具合を強く実感させることで中だるみを防ぐのです。「せっかくここまで上がってきたのに、ここでまた昔の自分に戻るのはもったいない」と感じさせることができれば、それが一つのストッパーの効果を発揮してくれます。

選手の成長は三歩進んで二歩下がる

「足し算的発想」の指導について、指導者が肝に銘じておかなくてはならないのは、「選手の成長は必ずしも右肩上がりにはいかない」ということです。とくに中学や高校の選手はまだまだ未熟なので、行きつ戻りつを繰り返しながら、三歩進んで二歩下がるという感じで進んでいきます。

指導者は、二歩下がったことを悔やむのではなく、それでも一歩は進んでいるということに光を当てて指導していくことが重要です。そういう意味では、指導者の側にも強い忍耐力が求められます。

指導者の「あきらめ」や「見限り」は、選手にストレートに伝わります。一度切れてしまった信頼の絆は、なかなか元には戻りません。そんなことのないように、指導者はつねに選手の小さな成長に喜びを感じられなければなりません。選手と同じように、指導者も足し算的な発想で自分自身をとらえて、理想とする指導者像へと近づいていってください。

ポイントはここだ

初心者には「足し算的発想」、中・上級者には「引き算的発想」で指導して、選手のモチベーションアップを図る。

足し算的発想

<初心者>

頂点
プラス
10点
60点
50点
10点分も
努力したなんて
すごいじゃないか
労力を評価
そうですか
ありがとう
ございます

引き算的発想

<中・上級者>

あと20点
80点
70点
60点
50点
能力を評価
実力がついたなぁ
あともう少しだ
ハイ
がんばります

10

モチベーションの高め方②

真のポジティブさを理解してモチベーションを高める

How to raise motivation ❷

「ポジティブ」とはどういうことなのか?

「ポジティブ」という言葉をよく耳にしますが、最近はこの言葉が間違った方向に一人歩きしているように感じることがあります。はたして「真のポジティブさ」とはどのようなものなのでしょうか。

大事な試合に負けて泣いている選手に「負けたことは忘れろ。泣いていてもしかたがない。ポジティブにいこう!」と言う人がいます。「泣くこと＝ネガティブ」というイメージがあってこのような発言をするのでしょうが、簡単にそうだとは言い切れません。

涙が出るのは、本当に悔しかったりつらかったりするからで、本気で自分自身と向き合っている証しです。大切なのは泣いたあとどうするかであって、泣かないことではありません。涙を流しながら真摯《しんし》に自分と対峙《たいじ》して、その後プラスの方向に向かって行動を始めること。これこそが真の意味でのポジティブ思考なのです。

指導者は、選手が落ち込んだり元気がないときに「前向きにいこう」などと声をかけますが、重要なのは選手がその時々の心の状態に目を向けられるような環境をつくり、自分の〝思い〟を消化できるように導いていくことです。このことを心に留めておいてください。

感情を表に出しにくい人とのつき合い方

選手の中には、あまり自分の感情を表に出さない人もいますが、注意したいのは自分の心を誤魔化しているケースです。自分の心にフタをして自然な感情を抑制している場合、それは残り火のようにいつまでもくすぶり続けます。くすぶっている感情はずっと心の底に残っているので、たとえ表面的にはポジティブな言葉を口にしていたとしても、本当の意味ではなかなか気持ちを切り替えられないのです。できることなら一度感情を出し切って、心をスッキリさせてからプラスの方向に切り替えるほうが近道なのですが、人によっては難しい場合もあります。

心理学の実験では、男性よりも女性のほうが気持ちの切り替えが速いという報告があります。その理由は、男性は男らしさというイメージを引きずっていて、自分の思いを正直に口にしたり涙を流したりできないのに対して、女性はその抵抗感が少なく自分の感情を発露させることができるからだといいます。

これと同じように、スポーツマンらしさというイメージがあります。弱音を吐かない、つらくても黙って耐えて決して涙は見せない……というものです。このようなイメージ通りの選手は実際にたくさんいますが、彼らは指導者から「ポジティブにいけ！」と言われ

ポジティブな行動ができるようにするため、選手が自分の心に向き合って、感情を消化できる時間と環境をつくる。

コーチング
実践
アドバイス

ると、イメージを守るためにさらに自分自身の心を誤魔化して「ポジティブな自分」を演じなくてはならなくなります。このような状態が長く続くと感情的にも消耗して、モチベーションも低下します。そして、じわじわとダメージを引きずり、最後はバーンアウト（燃え尽き）症候群のようになってスポーツを続けていくのも難しくなるのです。

「ポジティブ」を実現するために指導者ができること

それでは、選手を真にポジティブな状態にするために、指導者は何をすればいいのでしょうか。前にも述べましたが、指導者は状況も考えずに「前向きにいこう」などと声をかけたり、あれこれと干渉するのではなく、選手に「自分の心に向き合って感情を消化できる時間」をつくることが重要です。

指導者の中途半端な慰めや言動は、選手の心に届かないどころか鬱陶《うっとう》しいと思わせる可能性もあります。「こんなときに何がポジティブだ。そんなふうに思えるはずがないだろう。全然わかってないな」と感じることもあるのです。そんな場合は、練習を数日休ませる、あるいは練習途中で一時的に抜けさせるというのも一つの方法です。「この時間を使って目一杯落ち込んでこい」と伝えるのも有効かもしれません。

そして、選手のメンタル面が整理されてきたら、プラスの方向に導いていきます。この状態であればモチベーションも非常に高くなっているので指導者の言葉にも素直に反応するはずです。繰り返しになりますが、泣いたり、落ち込んだりするのはきわめて自然なことです。大切なのは、その後の方向性と行動だということを再認識してください。

ポイントはここだ!

真のポジティブとは、泣いたり落ち込んだりしたあとに
メンタル面を整理して、自分自身をプラスの方向にもっていくこと。

<一見すると…>
いつまで泣いているんだ前向きにいこう
ネガティブ
まあ、しかたないね
前向きだな…
ポジティブ
<重要なのは、このあとどうするか>
よ~しやるぞ!
スッキリ
ポジティブ
この状態にするために指導者はどうすればいいのか?
やる気でない
モヤモヤ……
ネガティブ
この状態を脱するために指導者はどうすればいいのか?

11

モチベーションの高め方③

「プロデュースする」という発想で練習を演出する

How to raise motivation ❸

楽しいことが最高のモチベーションになる

誰でもそうですが、人は好きなことや楽しいことには無我夢中になります。これこそが最高のモチベーションになります。たとえば、子どもに50メートルダッシュを10本走るように指示すると、たいていは2、3本走ったところで「もう走りたくない」とダラダラし始めますが、そこで鬼ごっこをしようと指示すると、全力でいくらでも走っています。「子どもたちが楽しいと思うこと（＝鬼ごっこ）」というフィルターを通して苦しいこと（＝ダッシュ）をさせているので、子どもたちはそれほど苦しさを感じることなく走れるわけです。つまり、身体的な苦しさを楽しさが上回っているのです。かりに、ダラダラし始めたところで「苦しいけれど、それに耐えて走れ」と言ったとすれば、おそらく言われた分だけ苦しさが増して、最後まで走りきることはできないでしょう。

以前ある高校で、バレーボールのアンダーハンドパスを二人組でやらせたところ、途中から集中していないことに気づきました。そこで、一人をバスケットゴールの下に行かせ、そこからボールをもう一人に向かって投げさせて、その人がアンダーハンドパスでバスケットゴールにシュートするという形に変え、組単位で点数を競わせました。すると、先ほどまでのダラダラ感は消え失せて、全員が目の色を変えていきいきと動き始めました。

これは、アンダーハンドパスの練習というマンネリ化した行為を、「いつもとは違う（楽しい）練習」「ゲーム感覚の競争」という新しいフィルターを通して行った結果です。

練習をプロデュースするという発想

人は見方が変われば、たとえ同じことをやる場合でもモチベーションが全然違ってきます。以前は、「嫌なことでも無理してがんばれ。苦しいことでも耐え抜け」という指導で問題ありませんでした。しかし、今はなかなか通用しなくなっています。選手はすぐに嫌になってしまい、場合によっては辞めてしまう人もいます。ですから、選手が嫌がる練習をいかに楽しく思わせるか、魅力的に感じさせるかという工夫が必要になります。つまり、指導者はプロデューサー的な役割もこなさなければならないのです。

あるテレビ局のプロデューサーと話をしたとき、「今の若い世代は世の中の情勢にはまったく興味がないけれど、人気のあるお笑い芸人に政治や経済のことをお笑い的にやらせたら視聴率がかなり高くなった」と言っていました。これは、お笑い的な楽しさや人気芸人が話すというフィルターを通した結果、政治や経済に関する興味・関心が高まったということですが、これと同じことがスポーツの練習にも求められているのです。

選手が興味を示しそうなことにつねにアンテナを立て、積極的に練習に取り入れて全体をプロデュースする。

選手は自分が好きでそのスポーツをしているのだからそれだけで充分、楽しい要素など必要ないという考えもあるでしょう。指導者は大人ですから、苦しい練習があるからこそゲーム（試合）を楽しむことができるのだと考えられます。しかし、中学・高校生は頭ではそのことをわかっていても、本質的には理解できておらず、日々繰り返される厳しい練習のためにマンネリ化して、モチベーションは確実に低下していきます。

目的をきちんとはたすための練習のプロデュース

「練習をプロデュースする」と述べましたが、指導者は練習の「本質的な目的」と「楽しい練習の手段」とを分けて考えなくてはなりません。楽しいのはいいことですが、そればかりを追い求めて本質的な目的がはたせないとしたら、練習の意味がなくなってしまいます。それでは本末転倒です。

先ほどのバレーボールの例でいえば、本質的な目的はねらった場所にボールをアンダーハンドパスするということです。その目的のための（楽しい）手段として、二人組でバスケットゴールへシュートするということがあるわけです。これが、自分のところに来たボールはどんな形でもゴールに入れればいいということになったら、アンダーハンドパスの練習という目的から離れてしまいます。

このように、日々の練習をプロデュースしていくことは、つねに新しいアイデアを出し続けなければならないのでとてもたいへんです。しかし、選手のモチベーションを維持するためにはとても重要なことなのです。

ポイントはここだ

「楽しい練習」にばかり気がいくと、いちばん重要な練習の「本質的な目的」がはたせなくなってしまうので要注意。

毎日毎日同じ練習
飽きた～
マンネリ化したら
練習方法を工夫する
①ボールを投げて
②ゴールをめがけてアンダーハンドパス
新しい練習をプロデュース
ただし…
バチン
そーれ
練習の「本質的な目的」を忘れたら意味がない

12

モチベーションの高め方④

「任せ方の五原則」を守って選手のモチベーションを高める

How to raise motivation ❹

「任せる」ということの本当の意味は何か？

日常生活の中で、「人に任せる」場面は意外に多いものです。この任せるということを勘違いしている人がいますが、「任せる」＝「他人に押しつける」ではありません。任せる人を信じて委ねると同時に、そのことに関する責任は自分がもたなければなりません。ということは、自分は任せる人よりもそのことについて理解している必要があります。何かあるとすぐに「君に任せた」と言う人がいますが、任せるとはそれほど簡単なことではないのです。

スポーツの現場でも、指導者はよく選手に任せることがあります。自分が不在のときに練習を選手に任せる、キャプテンにチームをまとめることを任せる、試合での戦術を選手に任せるなど、多くの機会があります。

みなさんは、選手に何かを任せたあとどのような行動をとっていますか。任せたのはいいけれど、結果が悪かったら「何をやっているんだ！」と怒ったり、自分の思惑と違っているからといってダメ出しをしたり、あるいは面倒なことは選手任せにして、いいところだけは自分でもっていったり……。こんなことが繰り返されたら、選手は「どうせ一生懸命やっても文句を言われるだけだから」と考えて、任されたことに対して積極的に挑戦していこうという気持ちは高まってきません。

いちばんよくないのは、「選手に任せる」と口にしたにもかかわらず、途中でいろいろと口をはさんで、最終的には指導者が前面に出てきてしまうパターンです。この場合選手は、「人になんか任せないで最初から自分でやればいいんだ」と感じてしまいます。

「任せる」「信頼関係」「モチベーション」の関係

人が何かを他人に任せるときには信頼関係が必要ですが、「任せる」ということを通して信頼関係が深まることもあれば、壊れてしまうこともあります。

また、信頼関係とモチベーションの間にも深い関係があります。アメリカの企業調査で、信頼関係の強い上司と仕事をする場合と不信感の強い上司と仕事をする場合の仕事達成に対するモチベーションを調べたところ、その差が約4倍違うという結果が出ています。

モチベーションは、ふつう突然わいてくるものでも一気に高くなるものでもありません。日々の小さな出来事の積み重ねの中で、徐々にアップするものです。そして「任せる」という行為は、任された側のモチベーションを大きく左右するものなのです。

正しく「任せる」ことができるかどうかは、選手との信頼関係やモチベーションに大きな影響を与える。

「任せる」ときにポイントとなる五つの原則

さて、正しい任せ方には五つの原則があります。「信じる」→「任せる」→「待つ」→「感謝する」→「許す」です。選手に何かを任せようと思ったら、選手がしっかりやってくれることを信じると同時に、任せた自分自身の眼力も信じるようにします。なぜなら、選手は指導者がどのような想いで自分に任せたのかを敏感に察知するからです。

任せたあとは静かに待ちます。指導者の忍耐が必要なところです。口をはさみたくても、手取り足取り教えたくなっても、最後までじっと待ちます。

そして、選手が任せたことを最後までやり通したら、どのような結果であろうと感謝の意を表します。指導者の言うことなのだからやって当たり前ではありません。選手は、指導者が任せたことを最後までやってくれたのですから、そのことに対して感謝する必要があります。この意識は非常に重要です。「お疲れさま」でも「ありがとう」でもいいので、心からのねぎらいの言葉をかけてください。

最後に、任せた結果が自分の思惑通りではなかったとしても許すようにします。ここで怒ったり選手の能力を否定したりすると、「自分なりに精一杯やったのに」という失望感をもったり、指導者に対する反発心を抱いたりします。何よりも怖いのは、次に任されたらまた挑戦してみようというモチベーションが削がれてしまうことです。

そのようなことのないように、この五原則をしっかり守りながら選手に任せ、信頼関係を築き、モチベーションを維持できるようにしてください。

ポイントはここだ!

「信じる」→「任せる」→「待つ」→「感謝する」→「許す」の正しい任せ方の五原則を守れば、選手のやる気はアップする。

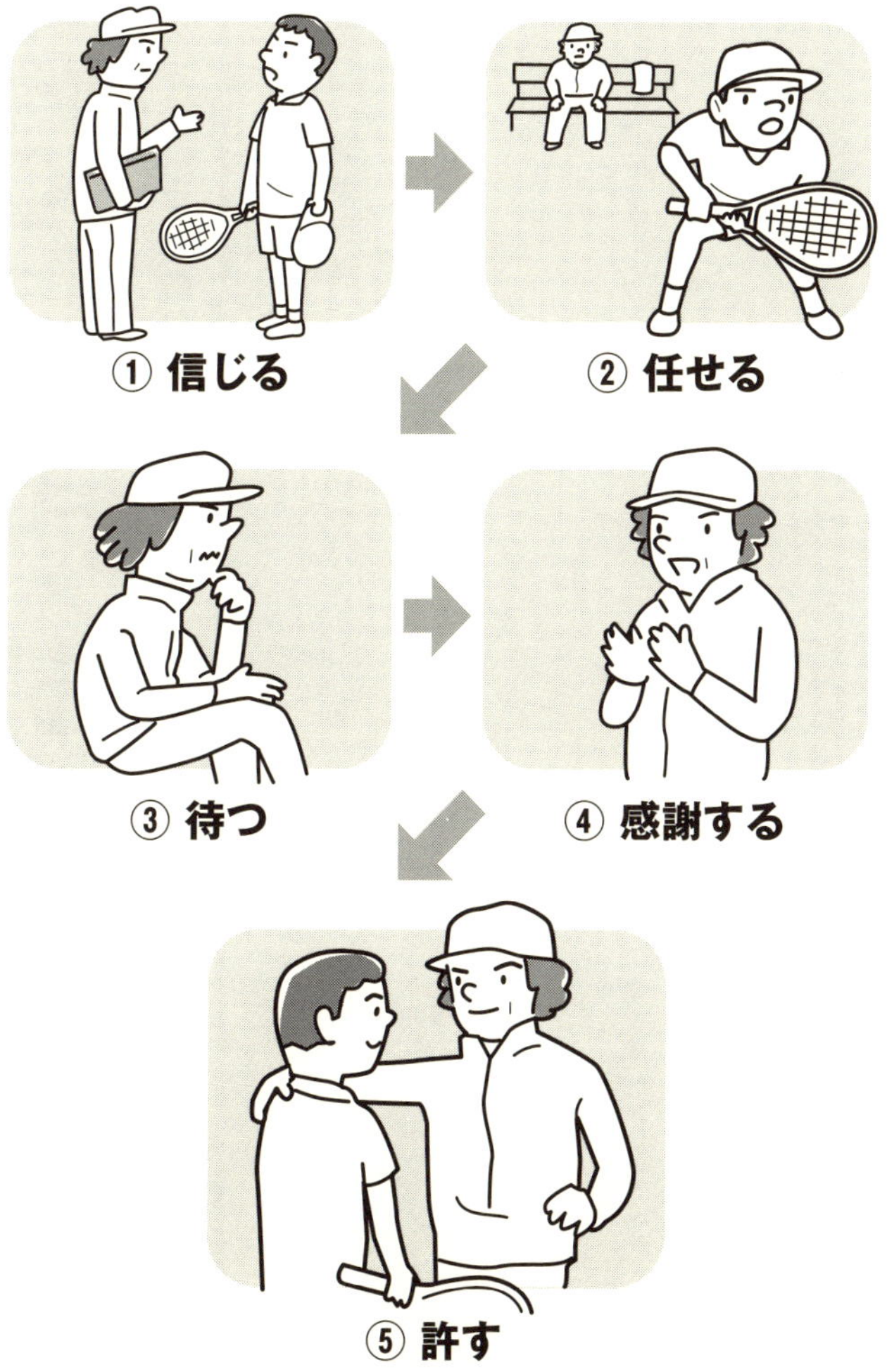
① 信じる
② 任せる
③ 待つ
④ 感謝する
⑤ 許す

13

モチベーションの高め方⑤

マンネリ防止のためにモチベーションを高める

How to raise motivation ⑤

選手は指導者の「無視」がいちばんつらい

日々の練習の場で、指導者が部員全員にもれなく声をかけているというケースは、ほとんどないといえるでしょう。とくに、部員数が多いクラブになればなるほど、この傾向は強くなります。

指導者は、「すべての選手を平等に指導しよう」と考えていても、意識はどうしても主力選手のほうに向いてしまうものです。その結果、チーム内には指導者に注目されている選手とそうでない選手が出てきます。

ここで、ハーロックの行った算数の授業における賞罰効果の比較実験を紹介します。69ページのグラフは実験結果ですが、教師に賞められた群、叱責された群、無視された群の、それぞれの成績との関係を示しています。これを見ると、教師から無視された群が、もっとも成績が低いことがわかります。

このことからも、指導者による「無視」は、選手のモチベーションを著しく減退させることが理解できます。注目すべきは、叱責された群が、一時的とはいえいちばんの伸びを示しているということです。つまり、選手からすれば、しかられるのは嫌だけれど、指導者からまったく声をかけられないのは、それ以上につらいということになります。

ハーロックは、自信のない生徒や学習に遅れの目立つ生徒は「賞賛」に、逆に自信のある生徒や優秀な生徒は「叱責」に強く動機づけされると指摘していますが、これらの結果からも、指導者がすべての選手に目をかけることがいかに大切かがわかります。

外発的動機づけと内発的動機づけ

ここで注意したいのは、このように評価を与えて選手のモチベーションを高めるという方法は、あくまで選手の「外発的動機づけ」を高めたにすぎないのだということです。

外発的動機づけは、自分以外の人からの評価や報酬などといった、自分の内面以外のものによってやる気を高める動機づけです。これに対して「内発的動機づけ」は、自己評価や心の充実感などの自分の内面に起因する動機づけです。

スポーツは、本来「この種目が好きでたまらないからプレーしているのだ」という内発的動機づけが強いもののはずですが、スポーツ選手は、外向性の強い人が多いので、つい心の目が外側に向いて、「他人から評価されたい」「誰かのためにプレーしている」といった外発的動機づけが強くなってしまうのです。

外発的動機づけは、自分の調子がいいときはプラスに作用するのですが、調子が悪いと

個々の状況に応じて適切な動機づけをすることで、選手をコントロールしていく。

きには当然他人からの評価を得られないので、逆にマイナスに作用するようになります。

状況に応じて二つの動機づけを使い分ける

こう考えてくると、選手のモチベーションをつねに高いところで保つためには、外発的動機づけと内発的動機づけの両方を状況に応じて適切に使い分ける必要があるということになります。つまり、調子がいいときは他人からの評価という外発的動機づけ、反対に調子が悪いときは、「そもそもこのスポーツは自分のためにやっているんだ」という自己評価（内発的動機づけ）といった具合に、いい意味で都合よく二つの動機づけを使い分けられるように指導していくことが大切なのです。

とくに、あまり他人から声がかけられない選手は、「どうせ期待されていないのなら、自分のペースでのんびりやるさ」という、ゆがんだ形での内発的動機づけが強まっている傾向があるので、練習中に意識して声をかけるように、指導者自身が努力する必要があります。そして、選手が「声をかけられたということは期待されているんだ」と感じられるようにして、外発的動機づけを高められるようにしていくのです。

繰り返しになりますが、内発的動機づけだけでは自己満足に終わってしまうし、外発的動機づけだけでも、他人の評価に一喜一憂してしまいますから、競技スポーツ選手にはこの両方がバランスよく備わっていることが大切です。

指導者は、置かれている選手の状況に応じて、必要な動機を刺激していく工夫を忘れないようにしたいものです。

ポイントはここだ

選手の状況をつねに観察しながら、「内発的」「外発的」の二つの動機づけをうまく使い分けた声がけをする。

＜ハーロックの実験結果＞

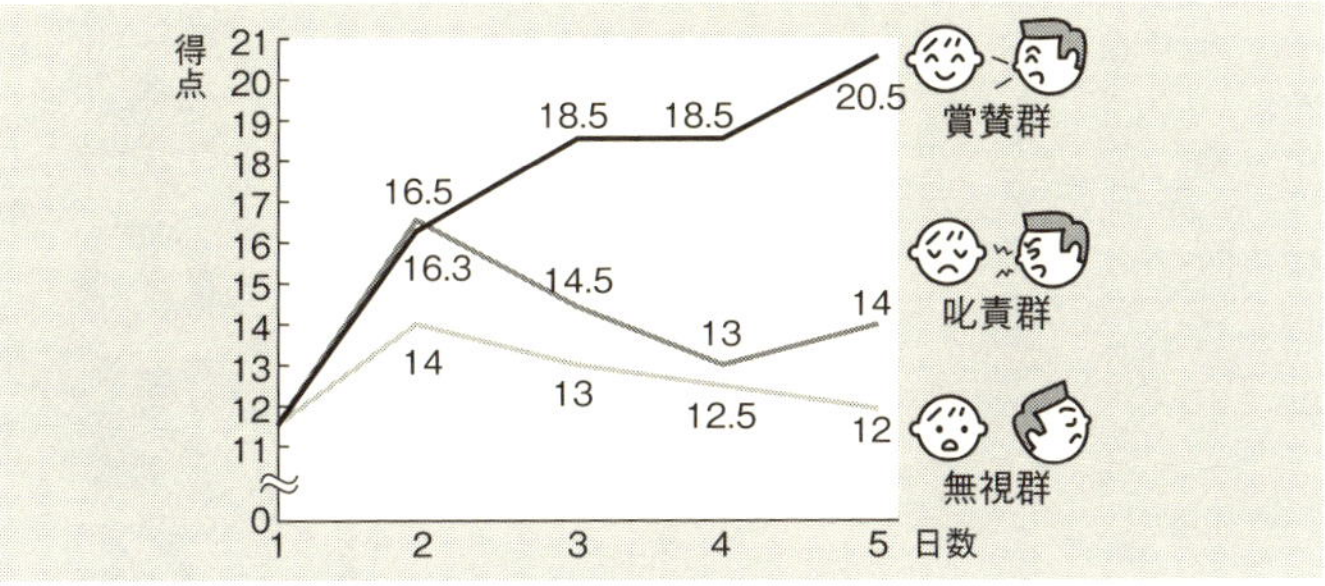
得点
21
20
19
18
17
16
15
14
13
12
11
0
1
2
3
4
5
日数
16.5
18.5
18.5
20.5
16.3
14.5
13
14
14
13
12.5
12
賞賛群
叱責群
無視群

＜二つの動機づけ＞

好きだから
やってる
内発的
動機づけ
勝って
みんなを
あっと
言わせたい
外発的
動機づけ
どうせ
期待されて
ないし
のんびり
やろう…
ゆがんだ
内発的
動機づけ
外発的
動機づけ
「課題クリア
できたか？」
最近
不調…
誰もほめて
くれない
マイナスに作用する
外発的
動機づけ
内発的
動機づけ
「そもそも自分が
楽しめばいいんだよ」

内発的動機づけ	・自己評価 ・心の充実感 ・自分の内面に起因

外発的動機づけ	・自分以外の人からの評価 ・報酬など ・自分の内面以外に起因

14

偽薬効果の使い方①

「プラシーボ効果」を利用して選手の潜在能力を引き出す

How to use the placebo effect ❶

偽の薬であっても病気が直ってしまう

「プラシーボ効果」という言葉を聞いたことがあるでしょうか。プラシーボ効果とは、日本語でいうと「偽薬効果」という意味です。これは、患者が医者のことを心から信頼していれば、たとえ偽の薬を飲まされたとしても一定の効果が得られるというものです。たとえば、「この薬は最近開発されたもっともよく効く薬です」と言ってラムネ菓子を出したとしても、よく効く薬だと信じて飲むことで状態がよくなるということです。

ここで重要なのは、薬を渡された患者が渡した医者のことを信頼しているということです。信頼しているからこそ「あの医者がもっとも効くと言うのだから絶対に効くはずだ」と信じ込むことができ、体の免疫機能が高まって、実際に病気が治ってしまうのです。

反対に本当によく効く薬であっても、患者が「あの医者の言うことはまったく信用できないから、この薬は効かないだろう」と思ってしまうと、免疫機能は低下してしまい、治るものも治らなくなってしまいます。

スポーツ現場におけるプラシーボ効果の例

この現象は、スポーツの世界でもたびたび見られます。その場合、患者は選手に、医者は指導者に相当します。

「今日はあまり調子がよくないな」と選手が思っていたとしても、信頼する指導者が「今日はなかなかいいじゃないか」と言えば、選手もその気になって本当に調子が上がってくるということがあります。反対に、いくら指導者が最強のトレーニングプログラムを用意したとしても、選手が彼を信頼していなければトレーニング効果は上がりません。

ここでプロ野球の例をあげてみます。元広島東洋カープ監督の達川氏は、現役時代、投手の投げるボールにスピードや切れがないときでも、「今日はすごくいいボールを投げてるな」と投手に言い続けたといいます。

そうすると、投手は自分では調子が悪いような気がしていても、信頼している達川氏が「今日は調子がいい」と言うんだから、自分の錯覚かなと思って、自信をもって投げることができたそうです。さらには、その自信によって、本当に調子がよくなったということも少なくなかったということです。これはプラシーボ効果の好例です。

驚くべきプラシーボ効果の実験例

私は、大学のときにプラシーボ効果に関する実験を行ったことがありますが、それにつ

偽の薬であっても、本人が「この薬は効く」と信じられれば、効果を発揮することがある。

いて紹介したいと思います。

まず、被験者に「このサプリメントは、ＩＯＣ公認の国立大学の研究チームが開発した筋力増強剤です。これを飲めば、ベンチプレスの自己記録を必ず更新できます」と伝えました。もちろん、これはウソで、単なるビタミン剤を飲んでもらい、実際にベンチプレスを行わせるという実験です。

その結果どうなったかというと、じつに9割以上の被験者がみごとに自己記録を更新したのです。被験者からは、それを飲んだあとに「何か筋肉が力強くなったような気がする」という感想も多く得られました。

この実験では、「ＩＯＣ」や「国立大学の研究チーム」という言葉が被験者のサプリメントに対する信頼性を高めたと考えられますが、このように選手の心をうまくコントロールし、その気にさせることができれば、潜在能力を十分に引き出し、効果を上げることができるのです。

これをスポーツの現場でそのまま実践することは、モラル的に問題があるかもしれませんが、指導者がいかにすれば試合や練習で、選手の潜在能力を引き出すことができるのかの大きなヒントになるでしょう。

ただし、繰り返しになりますが、プラシーボ効果を効率的に利用するためには、選手と指導者の信頼関係がきちんと築かれていることが前提になります。このことを肝に銘じておいてください。

ポイントはここだ

プラシーボ効果によって実力を発揮させるためには、
選手と指導者の間に信頼関係が成立していることが前提になる。

信頼関係あり
本当は調子がよくなくても…
今日はノビがいいぞ!
プラシーボ効果
本当によくなることがある
バシィ
信頼関係なし
本当は調子がよくても…
今日はノビがいいな!
疑心暗鬼になることがある
ホントかなぁ…?

15

偽薬効果の使い方②

選手の限界を破るためにあえて「ウソ」をつく

How to use the placebo effect ❷

自分自身で限界を決めてしまう選手たち

以前、オリンピックの代表経験がある陸上競技の選手に「なぜ日本人は、黒人の選手に勝てないのだろう」という質問をしたことがあります。すると、「心の奥深いところで、黒人選手相手に勝てるはずがないという気持ちが残っているんですね。勝てると思おうとしても、今まで勝てていないので、やはり自己暗示をかけきれないのでしょう」と、体力面ではなく、日本人選手の心理面にその原因を求めた答えが返ってきました。

では、もし日本人選手が、オリンピックで黒人選手に一度でも勝ったことがあるとしたらどうでしょうか。「実際に勝った人がいるのだから、自分のがんばり次第で黒人選手に勝てるかもしれない」という気持ちになれて、もしかしたら違った結果が生まれるかもしれません。

このように、自分自身で限界を決めてしまうのと、その壁を感じずにプレーするのとでは、非常に大きな差が出てきますが、スポーツ選手は、自分の勝手な思い込みや先入観によって、心理面に「○○は無理だろう」という限界をつくっていることが間々あります。「自分は時速１４０キロ以上のスピードボールを投げられない」「自分は補欠だから、レギュラーの人たちのようなタイムを出すことはできない」などのあきらめの声はその例です。

指導者の言葉が選手の限界をつくる場合

言うまでもないことですが、指導者は、選手の心理に存在するこのような限界や先入観を打ち破る手助けをしなければなりません。ところが、実際には、その反対に指導者自らが選手の限界をつくってしまっているケースがしばしば見受けられます。

たとえば、指導者が「マラソンは30キロを過ぎてからが本当の勝負だ」と言った場合、選手によっては「30キロ地点では必ず苦しくなるものだ」という先入観をもってしまう人もいます。これは、指導者のアドバイスが選手の心にマイナスに作用している例です。

また、指導者が「君の体格だったらこのくらいの記録が出せればベストだよ」と言った場合。一つの目安を示しているつもりが、選手は「自分の体格では、これくらいの記録が限界なんだ」と考えてしまうかもしれません。このように、指導者が無意識のうちに選手の限界をつくっている可能性があるので、注意が必要です。

限界突破のために用いるウソ

ここで、選手の限界を打ち破るために、指導者として何ができるかについて考えてみま

上手なウソによって、選手が無意識のうちに設けている「限界」を取り払えるようにする。

す。大切なことは、「自分はこれまでの記録が限界だと思っていたのに、それ以上の記録が出せるんだ」と選手に思わせることです。そう思わせるためには、いわゆる「ウソ」や「やらせ」も時には有効です。

たとえば、ストップウォッチの早押し。選手がゴールする少し前にボタンを押して、そのタイムを選手に示します。選手は指導者の意図までは考えないので、見せられたタイムを自分の出したタイムだと信じ込み「まだまだ可能性がある」と感じることができます。

また、女性選手と男性選手を競わせる場を設定し、男性選手にはあらかじめ指示を出しておいて女性選手に勝たせます。いわばデキレースですが、一度でも男性に勝てたということが、女性選手の性差による限界意識を取り去る役目をはたすかもしれません。

このように、指導者が選手の心理的限界を取り除くためには、若干の演出も必要になります。先ほど、「指導者の言葉が選手の限界をつくる」例として、「君の体格だったらこのくらいの記録が出せればベストだよ」と伝える場合について述べましたが、このケースでは、「確かに君の体格ではこのくらいの記録が一つの目安だが、私の知っている君と同じような体格の選手はそれ以上の記録を出したよ」と付け加えれば、選手は心の限界をつくらなくて済みます。もちろん、この後半の言葉はウソでもかまいません。

「ウソ」はほめられるべきことではありませんが、使い方によっては思わぬ効果を上げることもあります。選手の心の中の限界値をアップするために、自分なりの工夫をしてみてください。

ポイントはここだ！

行き詰まりを感じている選手のマイナスの先入観を取り除いて、
ポジティブになれるようにする。

わたしの実力では
これ以上の
いいタイムは
ムリよ…
選手は自分で
「限界」を
つくっている
ことが多い
よしっ
グッド
タイム！
ストップ
ウォッチの
早押し！
えっ
上手なウソ
によって
選手の限界値を
あげる
まだまだ
可能性があるわ！
先入観を取り払って
自分の可能性を
信じ始める

16

選手と指導者の共通認識①

「ズレ」を見抜くための指導者のイメージトレーニング

The common view of a player and a leader ❶

指導者のイメージトレーニングは必要か?

イメージトレーニングというと、選手が実施するものという印象が強いですが、選手と同じくらい指導者のイメージトレーニングも重要です。

指導者は、選手一人ひとりのプレーイメージを自分の中で描けるようでなければいけません。とくに、個々の選手が調子のいいときにどのようなフォームで、どのようなプレーをしたかを明確にイメージしておく必要があります。なぜなら、そのイメージを基準として、現在のプレーを見るようにすれば、フォームの「くずれ」などを発見することができ、選手に対してズレを修正するためのアドバイスをすることができるからです。

もし指導者の中にそのようなイメージがなく、ただ漫然と練習を見ているだけなら、この微妙なズレに気づくことはないでしょう。実際、選手が不調になって初めて「ズレ」に気づくというケースがほとんどです。だからこそ、選手を早く元の調子に戻すために、指導者のイメージトレーニングはとても大切なのです。

イメージトレーニングでチェックすること

ここで覚えておきたいのは、選手のプレーイメージのほかに、その選手が投げたり、蹴ったり、打ったりする「ボールのイメージ」を頭にインプットしておくと、「ズレ」を見つけるのに有効だということです。

たとえば野球の場合、自分が捕手の代わりをして、投手のボールを捕ってみます。このとき、ボールの軌道やスピード、切れ、伸び、捕ったときの感覚などを明確にイメージとして残しておきます。

これを時々行うようにすれば、実際にボールを捕ったときに「あっ、これは自分の中にあるイメージと少し違うな」と、好調時とのズレに気づくことができます。フォームのイメージに加えて、ボールのイメージも比較対照することで、さらに正確にその選手の調子の変化に気づくことができるのです。

また、指導者が自分で決めた練習メニューについて、自らが順を追って取り組んでいる姿をイメージしてみることも大切です。

指導者は、「自分が選手だったら、とてもこなしきれないだろう」という練習メニューを平気で選手にやらせることがあります。このとき、自分が選手であると想定して、自分の考えた練習メニューをよりリアルにイメージしてみると、体の反応や感情までを喚起することができます。

選手にとってだけでなく、指導者にとってもイメージトレーニングは非常に重要。

そうすると、「これは思ったよりもハードだから、少しメニューを減らしてみよう」とか、「このメニューは集中できそうにないから変えてみよう」というように、不備な点に気づくことができるのです。指導者の一人よがりになりがちな練習メニューについても、この方法で上手にコントロールしていくことが可能になります。

イメージの中で選手を動かしてみる

自分がつくった練習メニューを、自分自身がこなしている姿をイメージするといいましたが、もちろん、選手たちがそのメニューをこなしている姿をイメージしておくことが大切です。

指導者は、無意識のうちに多くの選手に関する情報を頭の中にインプットしています。そのため、イメージの中で選手を動かしてみると、「このメニューはA選手にはぴったりくるけれど、B選手にはそうでもない」と感じられることが出てきます。

その場合には、B選手に対して、イメージの中でしっくりとくるメニューを考えるようにします。かりに、B選手とそのメニューがしっくりとこない理由が論理的に見つけられない場合でも、イメージの中でそのように感じたら、実際にもうまくいかないケースがほとんどなのです。

この場合は、論理的思考とイメージ的思考の違いと言えますが、このようなときにはイメージのほうを優先するといいでしょう。

ポイントはここだ

イメージトレーニングによって、選手のフォームのズレや練習メニューの適否をチェックする。

<指導者のイメージトレーニング①>

選手の調子がいいときのプレーイメージを把握しておけば…

フォームなどのズレにすぐ気づくことができる

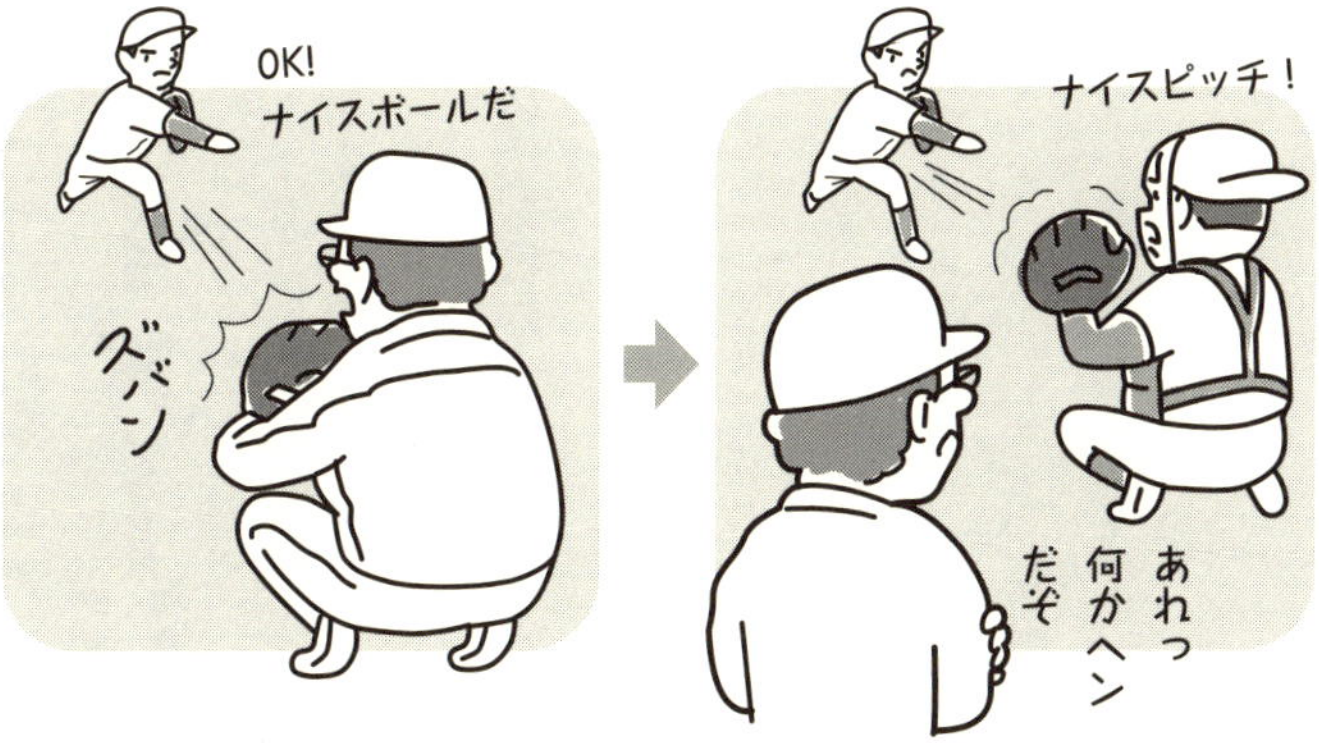
OK!
ナイスボールだ
ズバン
ナイスピッチ！
あれっ
何かヘン
だぞ

<指導者のイメージトレーニング②>

自分が練習しているところをイメージすれば…

素振り
500回
ノック100本
ダッシュ
30本
これは
キツイなぁ
適当かどうか
判断できる

17

選手と指導者の共通認識②

選手と指導者のプレーイメージのズレを修正する

The common view of a player and a leader ❷

選手がもつイメージと指導者がもつイメージ

スポーツの現場では、指導者がもっている選手のプレーイメージと、選手自身が感じているプレーイメージの間に、ズレが生じてしまうことがあります。

たとえば、スキーのジャンプ競技の選手は、このズレをよく感じるそうです。ジャンプの選手は、自分の目から見える「映像イメージ」と、体の各所で感じる「身体感覚イメージ」とでジャンプのイメージをつくっています。一方、指導者はジャンプしている選手を横から見ていることが多いので、選手がもっているイメージと違ったイメージを描くことになります。これは、ジャンプに限らず、あらゆるスポーツに共通していえることです。

両者のイメージの歩み寄りをどうするか?

選手と指導者が協力し合ってスキルアップを図るためには、その第一歩として、このイメージのズレを修正し、「両者共通のイメージ」をもつことが必要になります。

さきほど述べた選手のもつイメージは内的イメージ（実際に選手がプレー中に見ている場面のイメージ）といい、指導者のもつイメージは外的イメージ（客観的に見た選手の動きのイメージ）といいます。この両者のイメージをすり合わせるということは、選手は外的イメージを、指導者は内的イメージをもつように歩み寄るということです。

外的イメージは、指導者の目線から見たものなので、ＶＴＲを活用すれば簡単に選手に見せることができます。そしてＶＴＲを見れば、選手は「自分のプレーイメージと外から見たそれは大分違っていた」ということがわかります。

このように、選手が指導者のもつイメージを理解することは比較的容易にできます。これに対して、指導者が選手のもつ内的イメージを把握するのは難しい作業となります。もちろん、選手の視覚的なイメージは、外的イメージ同様にＶＴＲを選手の目の近くにセットしたり、野球などの場合は、打席の中に選手の身長を考慮してＶＴＲをセットすれば解決できます。しかし、選手がプレーをするときに感じる身体感覚イメージを、指導者がいかにしてつかむかという問題は、そう簡単には解決できません。

たとえば、指導者の中には、大きな身ぶり手ぶりを混じえながら「そこで一気に腰をブルンと回すんだ」などと言っている人を見かけますが、この「一気に腰をブルン」は指導者の身体感覚イメージをあらわしたものです。

選手の中には、この表現で指導者の言いたいことを的確につかむ人もいるかもしれませんが、ふつうはなかなか選手に伝わりません。そして、選手が指導者に身体感覚を伝えよ

お互いの意見がかみ合うように、選手と指導者のプレーイメージを「共通のもの」にしておく。

うとするときにも、まったく同様のことが生じる恐れがあるのです。

選手と指導者の共通言語をもつ

そうならないための一つの方法が、「選手と指導者の共通言語をもつ」というものです。共通言語としていちばんわかりやすいのは数値です。たとえば、力の入れ具合を数値で示すことを考えてみます。

ある選手が「このプレーでは腕の筋力を10のうち7くらいで動かしている」と言ったとしても、指導者は、その選手が言う7の力のイメージをつかみきることはできません。なぜなら、筋力には個人差があるため、たとえ10のうち7と具体的な数値で示したとしても、両者のイメージする7という力が共通のものではないからです。

そこで、次のような方法が考えられます。かりに数値を共通言語とするなら、選手、指導者の両者が手をつないで互いに引っ張り合い、「これが10のイメージ」、少し緩めて「これが9のイメージ」という具合に、最大限に力を入れている状態からまったく力を入れていない状態までを10等分するのです。これを何度も繰り返して、数値に応じた筋力の感覚をイメージに焼きつければ、両者間の身体感覚イメージのズレは少なくなるはずです。

こうした作業をせずに、イメージのズレを放置していると、あらゆる箇所で食い違いが生じて、全体で見ると相当なズレとなってしまいます。地道な作業を繰り返し行って共通言語を増やしていくことが、選手にとっても指導者にとっても、相互理解をするうえで重要だといえるでしょう。

ポイントはここだ!

VTRなどを有効に利用して、選手と指導者のプレーイメージのズレをなるべく早い段階で修正しておく。

〈内的イメージ〉
〈外的イメージ〉
選手がプレー中に見ている場面
指導者が客観的に見た選手の動き
このイメージを共有するためには…
VTR
VTR
選手は客観的視点のVTRを見る
指導者は選手の目線で撮影されたVTRを見る
身体感覚のイメージは…
これが10!
そこは7の力でかわして!
ハイッ
筋力の感覚を段階的な数値で確認する

指導者Check！ その❷ あなたの独裁者的資質チェック

	チェック欄
❶ 選手の一挙手一投足が気になる	
❷ 意見されたとき、その内容よりも言った選手が気になる	
❸ 自分が決めたことに選手が従うと満足できる	
❹ 選手がミスをするとカアーッと頭に血がのぼる	
❺ チーム内の細かい点まで自分が管理しないと気が済まない	
❻ 試合に負けたとき、選手を責めている自分に気づく	
❼ 技術面とは別に、感情的にレギュラーを外したい選手がいる	
❽ 試合に勝ったとき、まずは自分の指導力を評価する	
❾ 自分が不必要だと思う練習は、選手にとっても不必要だと思う	
❿ 試合の内容よりも勝つことに執着してしまう	
⓫ 自分の戦術や作戦はつねに正しいと考えている	
⓬ 選手が口にする言葉に対して、否定的に返すことが多い	
⓭ 自分の思い通りに物事が進まないとイライラしてくる	
⓮ 選手が自分の言いなりに動くことに快感を感じる	
⓯ 自分の気持ち一つで簡単にチームの方針を変える	
⓰ 自分の価値判断で選手を評価する	
⓱ 人の前で選手を怒鳴りつけることがある	
⓲ 選手を自分の所有物のように感じる	
⓳ 選手に対して自分の自慢話をする	
⓴ 規則や罰則で選手を管理している	

◎✔が5個以下：独裁的な要素は少なく、選手のことを考えている。◎6個～12個：独裁的なところはあるが、指導者にはありがちなレベル。◎13個以上：独裁的指導者の素質は十分。
✔が13個以上の指導者は、自分を極力抑えて、選手については「ある期間預かっているのだから大切にする」という意識をもちましょう。

第3章
実力アップのための練習を考える

日々の練習の積み重ねが
“本当の力”に結びつく。
実力をアップするための練習のしかたとは？

クラブ活動のほとんどの時間は、日々の練習に費やされます。したがって、選手個々の実力がどの程度伸びるか、チームがどこまで強くなるかは、練習をどのような形で消化していくかにかかっているといっても過言ではありません。多くの指導者はそのことを理解して、練習にさまざまな工夫を凝らしていますが、必ずしも成果が上がっているとばかりは言えないようです。

この章では、次の二つのテーマに則って練習について考えます。

1 目的のはっきりした練習
2 練習の組み方の工夫

この章のテーマ

1 目的のはっきりした練習

毎日の練習がいろいろな意味で重要なことは言うまでもありませんが、同じ練習をするにしても、ただ流れ作業的にするのと、ある目的に絞ってするのとでは、成果が格段に違ってきます。ここでは、練習を効率的で実りあるものにするための「考え方」と「方法」について、具体例をあげながら見ていきます。

↓

⑱「なぜその練習が必要なのか」をきちんと伝える
⑲練習メニューを論理的に説明できるか見直してみる
⑳ふだんから試合本番を想定した練習を意識する
㉑選手自らが考えた「自主練習」を積極的に取り入れる

2 練習の組み方の工夫

効果的で密度の濃い練習をするためには、どんな内容のものを、どのような順番で、どのくらい行ったらいいのかを考える必要があります。そのときのポイントは、選手のモチベーションをいかに高い位置でキープできるかということ。ここでは、練習の内容とメニューの組み方について、「モチベーション」の視点から見ていきます。

↓

㉒「プリマックの原理」を応用して練習の順番を決める
㉓食事を参考にして練習メニューの組み方を考える

18

目的のはっきりした練習①

「なぜその練習が必要なのか」をきちんと伝える

Practice in which the purpose clarified ❶

選手のレベルによる練習の考え方

指導者にはいろいろなタイプの人がいて、中には「ただ黙って自分の言う通りの練習をしていればいいんだ」という指導方針の人もいます。実際このタイプの人は多いのですが、これでは、現在の練習がどういう目的で行われているのか理解することができず、選手は、指導者から言われたことをただ実践しているにすぎなくなってしまいます。

じつは、初心者に対してはこの方法もある程度は効果的です。というのは、初心者は練習の意味を考える心の余裕もなく、目の前にある練習をこなすだけで精一杯なので、疑問を感じず一心不乱に取り組むほうが、モチベーションが高まるからです。

しかし、中・上級者レベルになると、練習そのものに対して余裕が生まれてきます。このレベルになっても何も考えずに練習していると、さらなる成長は期待できません。そこで選手は、一つひとつの練習メニューに対して「この練習は何のためにやっていて、試合ではどのように生かされるのか」という強い目的意識をもって臨むことが重要になります。

練習に対する考え方も、初心者は質よりも量、中級者は質も考えながら量も多く、上級者は量を減らして質を最大限に重視することが求められます。そして、この「質」ということを考えるとき、目的意識は欠かせないのです。

練習に対する目的意識の重要性

たとえば、ウエイトトレーニングの場合。体がまだできあがっていない初心者は、「とにかく体を大きくしよう」といった大まかな目的をもっていればそれで十分です。しかし、上級者になると、「自分が行うプレーには、体のこの部位がとくに大切だから、その部分の筋肉を中心に強化しよう」といった、より具体的な目的意識が必要となります。

目的意識についてもう一つ重要なことは、目的意識が欠けると、選手が「飽き」を感じてしまい、練習に対するモチベーションが低下してしまうということです。そうなると、集中力の分散、達成感の低下、適度な緊張感の欠如など、さまざまな心理的マイナス要因が出てきます。ですから、選手が練習の目的を見つけかねているときには、指導者のほうから選手にそれを説明する必要があります。

それぞれの練習の意味をきちんと伝える

私の例で恐縮ですが、私は野球を始めた当初、ティーバッティングをただひたすらバットを振るだけの、素振りの延長くらいにしか考えていませんでした。しかし、中学に入っ

練習の意味を知り、目的意識をもって行動することが選手のスキルアップにつながる。

てから同じことをやっていると、監督から「お前はティーバッティングを何も考えずにやっているだろう」と注意されました。そのとき初めて、ティーバッティングの目的が、バットでボールをとらえるポイントの確認だということを知ったのです。

何も考えずに何百球と打っていた頃は、ポイントのことなど考えていなかったので、実際に試合で打席に立ったときにもそれを十分意識できず、安定した結果を残すことができませんでした。また、何百球と打つわけですから、途中からは集中力も途切れてしまい、フォームさえも一定でなくなっていました。しかし、ティーバッティングの目的を知ってからは、意識をポイントに集中させて、一球一球を大切にするようになりました。

たまたま野球の例をあげましたが、同じことは球技、陸上競技、格闘技などスポーツの種類を問わず何に対しても言えます。

初心者の頃は、漫然とした練習であっても、ボールに数多く親しむ、雰囲気に慣れるという点でそれなりの意味があるのですが、それを過ぎてからも同様に何も考えずにやっていたのでは、その練習はまったく意味のないものになってしまいます。

指導者は、

◎なぜ、その練習をするのか

◎それによって何がどう変わるのか

◎それぞれの練習メニューはどう関連するのか

など、一つひとつの「練習の真の意味」を必ず選手に伝えてから練習を始めることが大切です。

ポイントはここだ！

レベルが上がるにしたがって、より具体的な目的意識が必要になるので、
練習の真の意味を伝えることは非常に重要。

＜悪い例＞
＜良い例＞
とりあえず言う通りにやって！
この練習は○を□するためのものだ
目的を伝えない
目的を伝える
目的意識なし
目的意識をもつ
飽き
「やらされている」という意識
モチベーションアップ
練習効率アップ
ホントに効果あるのかな
スコン
インコースをとらえるポイントはここだ
上達せず
スキルアップ

19

目的のはっきりした練習②

練習メニューを論理的に説明できるか見直してみる

Practice in which the purpose clarified ❷

思い込みや先入観で練習メニューを決めていないか？

前の項目で「練習内容の意味をきちんと選手に伝える」ことが重要だといいましたが、そのためには練習の中身やメニューについて論理的に説明できなければなりません。この点については、ベテランの指導者であっても心許ない人が多いように見受けられます。

たとえば、野球の投手は「走り込み」といって長い距離を走ることがあります。投手に「何の目的で走り込みをしているの？」と質問すると、たいていは「下半身の強化です」と答えます。そこでさらに「投手が下半身を強化するためには、長距離を走るのがベストの練習なの？」と聞くと、答えに窮してしまうのがほとんどです。

スポーツの現場では、ある目的に対する練習の手段を考えるときに「思い込み」や「先入観」に左右されることが間々あります。短絡的に「この目的ならこの練習をしていればいい」、あるいは「この練習はしてはいけない」と思い込むのですが、もしかするといいと思い込んでいる手段が間違っているのかもしれませんし、反対によくないと思っている方法が正しいのかもしれません。

目的から練習メニューを論理的に導き出す

目的から手段を導き出すためには、理屈で考える必要があります。たとえば、単に筋肉を強化するといっても、瞬発的な筋肉が必要なのか、持久的なそれなのかによって手段が異なります。また、体のどの部分に必要なのかによっても方法を考える必要があります。この「何がどう必要なのか」によって、ダッシュがいいのか長距離のランニングなのか、それとも筋力トレーニングが最適なのかが決まってきます。つまり、目的を明確にすることによって、より効果的な手段を選択していくということです。

当然といえば当然なのですが、これは非常に重要なことです。万一指導者が自身の固定観念からたいして効果的でない練習を選手にさせていたとしたら、彼らの努力は何の意味もないものになってしまいますし、おざなりな練習メニューを選択したために、かえって逆効果となったり、体を痛めてしまう可能性もあります。

現代の選手たちは、昔のように指導者に言われたことをただ信じて実践するというのではなく、「どうしてこの練習をする必要があるのか」ということにたいへん敏感になっています。それだけに、練習の効果をきちんと論理的に説明することができれば、彼らは納得して、真剣に練習に取り組むようになります。

「この練習をすることで何がどうなるのか」、指導者はその効果について論理的に説明できなければならない。

選手が納得できる練習メニュー

あるマラソンのコーチから聞いた話ですが、マラソンの練習は相当きついので、「なぜ今日は○キロ走らなくてはならないのか」「この距離を走ることは今後の実力向上にどのような影響を与えるのか」など、練習の効果について伝えると、その質が驚くほど変わってくるといいます。苦しい練習になればなるほど、練習に論理的な裏づけがなければ選手のモチベーションは低下してしまうのです。

「理屈」が明確になると、選手は現在行っていることに集中できるので、トレーニング効果が高まります。そうなると日々の練習に対するモチベーションが高まり、自分なりにいろいろ考えながら取り組むようになります。

指導者のみなさんは、現在自分が行っている練習メニューについて、一度見直しをしてみてください。選手の目標は何なのか。それを実現するためには何が必要で、どんな練習をすればいいのか。このような視点に立って、できる限り論理的にプログラムの一つひとつを追っていきます。

そして、練習の目的と手段について自分自身が納得できるかどうかを自問自答してみてください。自分がしっかりと理解できることは、選手にとっても説得力があるはずです。逆に自分が理解できないことは、選手も納得できないでしょう。それを無理してでもやれというのは、本来ありえないことなのです。この点についてもう一度考えを新たにして、日々の練習メニューづくりに臨んでほしいと思います。

ポイントはここだ

選手のモチベーションを上げて効果的な練習をするためには、
論理的で納得のできるプログラムを考える必要がある。

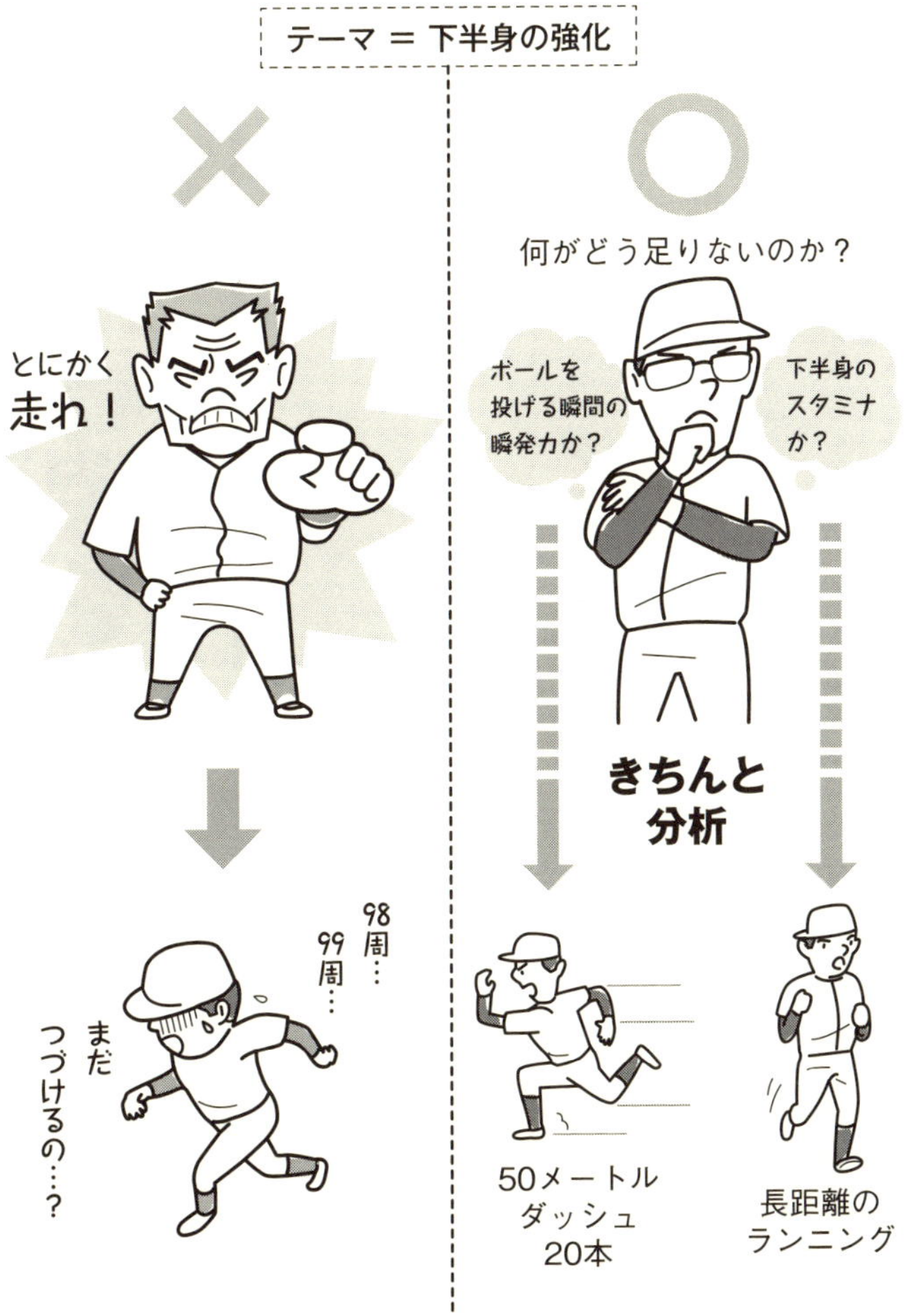
テーマ ＝ 下半身の強化
×
○
とにかく
走れ！
98周…
99周…
まだ
つづけるの…？
何がどう足りないのか？
ボールを
投げる瞬間の
瞬発力か？
下半身の
スタミナ
か？
きちんと
分析
50メートル
ダッシュ
20本
長距離の
ランニング

20

目的のはっきりした練習③

ふだんから試合本番を想定した練習を意識する

Practice in which the purpose clarified ③

漫然とした練習の弊害とは？

みなさんは、選手に対してどのくらいの練習量を課しているでしょうか。ついつい多めになっていないでしょうか。

選手は、すべての練習を消化するために、全体の練習量から推し量って一つひとつの練習のエネルギー配分を計算しています。つまり、与えられた量をこなすことが第一義になって、自分の力をセーブしたり、集中していないことがあるのです。これは重要な問題で、そういうところからスランプに陥る選手も決して少なくありません。

私自身のメンタルトレーナーとしての経験でも、プロ野球の「特打ち」でスランプになった選手が何人もいます。それは「○球打とう」と数をこなそうとするあまり、集中力が切れてしまうからです。ただひたすらバットを振り続けることで、ボール球にも手を出すようになり、結果的にそれがフォームをくずすことにつながるのです。

それだけでなく、ダラダラした気持ちで練習をしていると、いつの間にかそれが習慣化してしまう怖れがあります。そうなると、試合中でも、つい日頃の練習の感覚が抜けきれず、一つひとつのプレーに集中できなくなって、ミスにつながる可能性があります。

練習でいちばん意識すべきこと

それでは、練習においてもっとも重視すべきことは何でしょうか。それは、何のために練習をしているのかを考えればわかります。言うまでもなく「試合で勝つ」ためですが、だとしたら練習も「試合＝本番」を想定したものでなければなりません。

たとえば、野球の素振りでも、何も考えずただ１００回振るよりも、次に対戦する相手投手をリアルにイメージして、そのフォームや投げたボールの軌道などを思い描きながら、試合と同じ感覚で10回振るほうが、はるかに効果があります。

これはイメージトレーニングとしての効果だけではなく、「力の加減の習慣化」という意味でも有効です。試合でバッターボックスに立ってスイングするときのバットを握る力と、練習で何も考えずにバットを振るときのそれでは、力の入り加減が全然違います。だからこそ、試合のときの自分の打席をリアルにイメージして、ふだんの練習の素振りの力加減をより試合に近いものに変えることは、とても意味があるわけです。

同じことは、守備練習についてもいえます。何も考えずに来た球を捕球して、何となく一塁に送球するということを１００回繰り返すよりも、対戦相手のランナーを具体的にイメージして「このケースでこのランナーなら、今の捕球位置では間に合わない。送球も、

対戦相手や試合内容をよりリアルにイメージすることで、状況判断力や集中力がアップする。

もうワンテンポ早くしなくてはいけない」など、一つひとつのプレーを考えながら10回行うほうが効果的です。

イメージを活用して試合本番の状況をつくる

ここまでの話で気づいたと思いますが、本番を想定した練習をするときポイントになるのはイメージです。イメージを活用すれば、試合のときに必要となる状況判断力などいろいろなスキルを、練習の中で鍛えていくことができるのです。

日本のプロ野球界を代表する守備の名手で、2000本安打を達成したヤクルトスワローズの宮本慎也選手は、大学時代に部員数が少なく、試合形式のノックのときにも、ランナーを実際につけることができなかったそうです。そのため、当初は二遊間の連携プレーが合わなかったといいます。そこで、イメージを活用して、「ランナーは○○大学のA選手」と両内野手が頭の中で思い描いてプレーしてみたところ、そのズレが修正されたそうです。

同様のことは他のスポーツでもいえます。たとえばサッカーでも、ただドリブル練習をするのでなく、つねに相手ディフェンダーをイメージするほうが効果的ですし、何も考えずに無人のゴールに蹴り込むよりも、「自分がこう動けば、相手のキーパーはこう反応するだろうから、こう蹴ろう」とイメージしながらシュート練習を行うほうが有効です。

試合に近い状況をイメージしながら、集中力の高い状態で行った練習は、必ず試合のときに生きてきます。指導者は、練習の「量」をいちばんに考えるという意識を捨てて、「量よりも質」を重視したいものです。

ポイントはここだ！

いくら時間を費やしても、本番を意識した「質」の高い練習を心がけないと効果は半減してしまう。

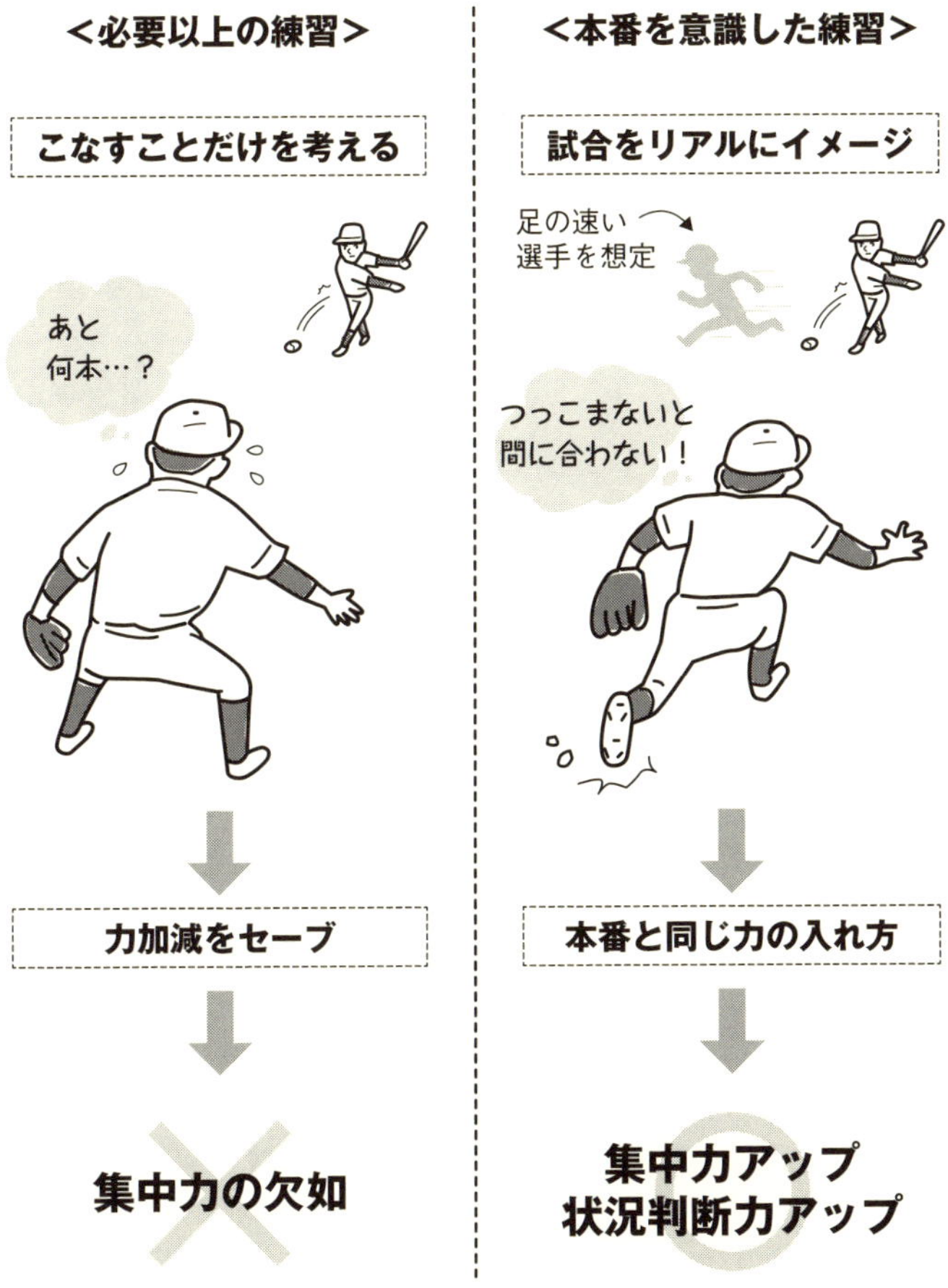
<必要以上の練習>
こなすことだけを考える
あと何本…？
力加減をセーブ
集中力の欠如
<本番を意識した練習>
試合をリアルにイメージ
足の速い選手を想定
つっこまないと間に合わない！
本番と同じ力の入れ方
集中力アップ
状況判断力アップ

21

目的のはっきりした練習④

選手自らが考えた「自主練習」を積極的に取り入れる

Practice in which the purpose clarified ❹

自主練習は「ついで」の練習か？

私は仕事がら、一流のプロスポーツ選手と話す機会が多いのですが、彼らが口をそろえて言うのが、「自分には、コーチも知らない独自の練習法がある」ということです。

チームスポーツはとくにそうですが、まず第一にチーム全体の練習を行う必要があります。これは、指導者が考えたメニューに従うのが通常です。しかし、「自主練習」のときだけは、独自の練習法を実践することが可能です。そして、この自主練習こそが、選手の技術のみならず、考える力やメンタル面をも鍛えてくれるのです。

ところが、自主練習というと、多くの選手や指導者は、全体練習が終わったあとの〝付属的な〟練習という意識しかもっていません。そのため、自主練習の時間も、全体練習からすればほんのわずかしか取られていないのが現実です。しかし、それでは自主練習がもつメリットが、まったく生かされていないのと同じです。

これぞ自主練習の見本だと感じたのは、あるプロ野球チームのキャンプを訪れたときです。全体練習は昼過ぎ早々に終了して、あとの練習は各選手に完全に任されていました（時間的な割合は6対4くらい）。自主練習のメニューは、選手によってさまざまで、ピッチングマシンを使ってセカンドベースでのタッチプレーの練習をする選手や、トレーナーにボールを投げてもらい、フェンス際での捕球練習をする選手がいました。

ここで強く感じたのは、各選手が、試合の中で必要になるプレーの練習を、自分で創意工夫しながら行っているということでした。自分にとってポイントとなるプレーをどうすれば効果的に練習できるのかを、それぞれの選手が真剣に考えて実践していました。

自主練習によって身につけられるもの

自習練習によって鍛えられるスキルには、どのようなものがあるでしょうか。どんなスポーツでも、選手は試合中、自分自身の力で打開していかなければならない状況に何度も遭遇します。この「その場で必要となる臨機応変な対応力」は、試合のときだけ発揮しようとしても無理で、日頃の練習のときから鍛えておかなければなりません。そして、指導者が与えた全体練習だけでは、このような能力はほとんど鍛えられないものです。

「今までは与えられることに慣れていましたが、自分であれこれ考えたり、工夫しながら野球をすることが、結果的に試合に生きてくると思うんです」とは、先の例で自主練習を積極的にしていた選手の言葉ですが、ここからも、自主練習の中であれこれ工夫して「考える習慣づけ」をしておくことが大切だということがわかります。

自主練習は、決して付属的なものではなく、いろいろな能力を鍛えることができるので積極的に取り入れる。

同様に、試合で大切になる「分析力」も、自主練習で、「いったい今の自分には何が足りなくて、それを克服するにはどんな練習をしたらいいのだろう」と考えることによって鍛えることができます。また、スポーツ選手にとって重要なイメージする力に大きな影響を与える「創造力」を養うためにも、自主練習は効果的です。なぜなら、自主練習は、自分の練習方法をゼロからつくり上げていかなければならないからです。

自主練習に対する指導者のスタンス

指導者は、自主練習だからといってただ傍観しているだけでなく、「今の方法以外にスキルを高める手はないだろうか」と、選手に新しい方法を考えさせる必要があります。きっかけを与えることで選手の発想力も広がりを見せ、「工夫しだいでいろいろ考えられる」ということに気づき、脳の回路も強化されていくのです。

重要なのは、これまでの考え方の延長線上で、全体練習のあとに〝付属的に〟自主練習を行っても、その本来の目的をはたすことはできないということです。

選手は、練習メニューを含めて与えられることに慣れているので、すべてを自分で考えなければならないとなったら、多くの不安を感じるでしょう。一方、指導者としても、選手に自主練習をさせることには多くの不安があるでしょう。しかし、指導者自身が、現在の自分と選手の相互依存の関係に対して意識改革することが、とても大切なのです。

先ほど述べた「対応力」「分析力」「創造力」を鍛えるとともに、選手自らの力ですべての問題を解決できるだけの「自立心」を育てることは、試合のとき必ず役立つはずです。

ポイントはここだ

自主練習は自分自身で考えて工夫しなければならないため、「発想力」「分析力」「創造力」「対応力」などが身につけられる。

自主練習のメリット
他の視点から見てみよう！
剣道だったら…
ボクシングだったら…
発想力
自分の弱点はどこだろう？
分析力
創造力
弱点を克服するための練習は？
この場合はどうすべきか？
対応力
自立心（メンタル力）アップ

22

練習の組み方の工夫①

「プリマックの原理」を応用して練習の順番を決める

The device of how to construct practice 1

苦手な練習のイメージが次の練習を左右する

指導者は、練習を与えることばかりに気をとられて、その練習が選手の心理に与える影響まではあまり考えないようです。

選手には、苦手なプレーと得意なプレーがありますが、日本の場合、指導者はもちろん選手自身も、苦手な練習に多くの時間を費やそうとする傾向があります。しかし、練習はほぼ毎日繰り返すものなので、多くの時間をマイナスイメージをもって費やしてしまうと、練習終了後に「よし、明日もがんばろう」という前向きな気持ちになれなくなります。

また、苦手な練習を行うことによって、「今日もうまくプレーできなかった」と自信を喪失してしまったり、マイナスのプレーイメージが強まってしまうこともあります。

とくに、練習メニューの最後に苦手な練習をしてそれがうまくいかないと、「なんだかすべてが悪い」という気持ちになります。そして、最初に行った得意な練習のイメージまで薄れてしまい、「今日はすべてのプレーにおいて何か調子が悪いままで終わった」という印象が強くなってしまいます。

「プリマックの原理」を利用した練習メニュー

このように、苦手な練習に対してどのようなイメージをもつかは、練習全体に影響する問題です。そこで紹介したいのが「プリマックの原理」です。これは「得意な練習→苦手な練習」というパターンと、「苦手な練習→得意な練習」というパターンでは、前者よりも後者のほうが選手の心理にプラスに作用し練習効率が上がるというものです。

実際、得意な練習が後半にあるほうが、選手も「後半に自分の楽しみにしている練習があるから、それをはげみにがんばろう」と思うことができ、苦手な練習に対する嫌悪感も半減します。また、練習の最後に得意な練習をすることで、「終わりよければすべてよし」という気持ちがもて、プラスイメージで練習を終えることができます。

これが逆の順番になると、「後半に気が重い練習がある」ということになって、得意な練習に対してのプラス心理も半減してしまいます。

「得意」→「苦手」→「得意」という順番の効用

私は、この「プリマックの原理」の応用として、「得意な練習→苦手な練習→得意な練習」というパターンをおすすめしています。

この順番で練習したときの選手心理を見ていくと、まず最初に得意な練習があるので、

練習は「得意なプレー」→「苦手なプレー」→「得意なプレー」の順で行うとモチベーションが維持できる。

プラスの心理で練習をスタートすることができます。次には苦手な練習が待っているのですが、スタートで心理的にプラスの波に乗っているので、その勢いのまま集中して取り組むことができます。加えて、そのあとにまた得意な練習が控えているので、苦手な練習を一気に消化することができます。

そして最後に得意な練習を行うことで、「明日も得意な練習から始まるから、今日の最後の勢いを持続させよう」という前向きの気持ちが生まれ、翌日の練習に対するモチベーションを高めることができます。

言うまでもなく、苦手なプレーを克服することはとても大切です。しかし、ネガティブな気持ちで長時間練習することは、集中力を欠く原因となります。そして、そのような状態で苦手なプレーに取り組むことは、さらなるミスを呼び、ますますマイナスのプレーイメージが強化されるという悪循環を招きます。

そういう点から考えると、苦手なプレーの練習時間をあえて短くして、なおかつ選手のマイナスの心理を少しでも弱めることが必要になります。そのほうが、苦手なプレーの練習効果を最大限に上げることができるのです。

なお、個人スポーツではこうした練習メニューの組み方も行いやすいのですが、集団スポーツでは、得意なプレー、苦手なプレーが人それぞれなので、なかなか難しいところがあります。集団スポーツでは、全体をいくつかのグループに分けて練習させてみるといいでしょう。

ポイントはここだ

「どうしたらやる気を維持しながら練習に取り組めるか」

を基準にして練習メニューの順番を決める。

<良い例>
①得意な練習
②苦手な練習
③得意な練習
<悪い例>
①苦手な練習
②得意な練習
ヨーシ
あと10本
③苦手な練習
選手の心理は…
プラスのイメージで終わる
マイナスのイメージで終わる

23

練習の組み方の工夫②

食事を参考にして練習メニューの組み方を考える

The device of how to construct practice ❷

ご飯とおかずはバランスよく食べる

練習メニューの組み方について、食事を例にして考えてみましょう。毎日の定番メニューとして、ご飯とおかず二品を食べると仮定します。おかずのうち一品は好きなもの、もう一品は嫌い（苦手）なものです。よくありがちなのが、好きなおかずだけ食べて嫌いなおかずを残すというパターンですが、栄養の面からこれは不可です。当然のことですが、食事はすべてを残すことなく食べなければなりません。

練習メニューについても同様です。ご飯は主食ですから、これを基礎練習や基礎トレーニング、好きなおかずを好きな技術練習、嫌いなおかずを苦手な技術練習と考えると、どれかの練習に偏ることなく、すべてをまんべんなく積み重ねていくのが基本になります。

ここで、ふだんの練習の流れを振り返ってみてください。ご飯（基礎練習）はご飯、おかず（技術練習）はおかずというように、まとめてやる形になっていないでしょうか。また、おかずだけを先に食べてご飯を残してしまうことはありませんか。おかずがなくなったら、ご飯だけ黙々と食べていくしかなくなります。食事もそうですが、練習もご飯（基礎練習）とおかず（技術練習）をバランスよくミックスしながら完食するのが理想的です。

そのためには「工夫」が必要です。たとえばバスケットボールで、基礎練習として腕立て伏せ50回、腹筋50回をする場合、練習時間の最後に一気にやらせるのではなく、ランニングシュートの練習や3対3の練習の後などに振り分けてやらせてみます。また、技術練習のあとに罰ゲームとしてやらせてみるのもいいでしょう。シュートが入らなかった数だけ腕立てや腹筋を課すのですが、このような工夫で、つらい基礎練習にもそれまでとは違った感覚で取り組んでいけるようになります。

練習量の多すぎにはとくに注意する

次に問題になるのがおかず（技術練習）の好き嫌いですが、これについては前項でプリマックの原理のことをお話ししましたので、そちらを参考にしてください。

最後に残るのが食事（練習）の量の問題です。指導者は、選手にできるだけたくさんの練習をさせたいと考えるものですが、これも食事と同じで、無理して多くの量を課すと消化不良を起こしたり、体調をくずしてしまう可能性があります。それどころか、精神的に重荷になってくると、練習そのものが嫌いになったり体を動かすことが億劫になったりして、クラブ活動を続けることができなくなる危険性もあります。

指導者の「早く体を大きくしたい（早く上手にしたい）から少しでも多く食べさせたい

ご飯（基礎練習）とおかず（技術練習）のバランスを見ながら、すべてをきちんと消化できるように練習メニューを考える。

（たくさん練習させたい）」という気持ちはわかりますが、練習の量をどうするかについては細心の注意が必要です。

少しの余裕がもてるようにしてモチベーションを上げる

大切なのは、食事と同じく「腹八分（＝二分の余裕）」であることです。ある程度満たされながらも、「もう少し食べたい」と思える量がベストです。なぜなら、「もう少し食べたい（練習したい）」という欲求が、次の練習へのモチベーションになるからです。

食事をしていてお腹がいっぱいになると、それ以後は一口一口味わいながら食べることができなくなり、とりあえず口にものを運ぶ感じになります。これは練習でも同じです。いっぱいいっぱいの状態で練習していても、与えられたメニューをただこなしているだけになります。しかし、練習メニューをきっちりと消化して、そこから何かを吸収するのでなければ実力アップには結びつきません。そのためには、一つひとつの練習メニューに集中して、考えながら取り組んでいく必要があります。それを可能にするのが、先ほどの「二分の余裕」なのです。

最近は、昔に比べるとクラブ活動の時間が短くなりつつあります。にもかかわらず練習の量を増やしたとしたら、あたかも早食いのような練習になってしまいます。指導者としては、選手にやらせたいことが山のようにあるのでしょうが、選手のモチベーションが高く保たれて実りのある練習ができるように、その量やメニューをコントロールできるようにしてください。

ポイントはここだ!

モチベーションを維持しながらメニューを100パーセント消化できるように、「二分の余裕」がもてる練習量を設定する。

<食べすぎ練習>

<腹八分の練習>

指導者Check！ その❸ 指導時のストレス度チェック

	チェック欄
❶ 現場に行く前に気分が沈み、憂鬱になる	
❷ ささいなことで泣きたくなることがある	
❸ 体は疲れているのに夜眠れないことがある	
❹ 最近体重が減少傾向にある	
❺ 便秘や下痢になることがしばしばある	
❻ 現場に行くと動悸や息切れを感じる	
❼ 慢性的な疲労感がある	
❽ 家に帰っても落ち着かず、つねにイライラ感がつきまとう	
❾ いつも何かに追い詰められているような圧迫感がある	
❿ 自分がいないほうが選手のためになると思うことがある	
⓫ 目覚めが悪く、出勤したくないと感じることが多い	
⓬ 運動して体を使っているのに食欲不振がある	
⓭ 休日になってもいろいろなことに興味や関心が向かない	
⓮ 気持ちが塞ぎ込んで晴れやかな気分になれない	
⓯ 慣れたことでもミスをしたり、簡単にできなくなったりしている	
⓰ 自分にも、クラブ活動にも、将来に対しても希望がもてない	
⓱ 判断力が鈍って優柔不断になりがちである	
⓲ 毎日の生活にハリや充実感が感じられない	
⓳ 自分が良い指導者であると感じられず、自信も喪失している	
⓴ 今の仕事にも私生活にも、ほとんど満足感を感じられない	

◎✔が5個以下：指導にストレスを感じていない。◎6個～12個：ストレスを感じてはいるが、比較的軽度である。◎13個以上：指導することが強いストレスとなり、慢性状態になっている。
✔が13個以上の指導者は、問題を一人で抱え込まず、まわりの人に相談したり協力を仰ぐようにしましょう。

第4章

試合前後のメンタル調整法を考える

試合で勝つためにいちばん必要なのは
自分の力をすべて出し切ること。
そのために指導者がやらなければならないこととは?

試合のいちばんの目的は「ふだんの練習の成果を発揮する」ことですが、そこでものを言うのが「メンタルの強さ」です。いくら高いスキル（技術）を身につけていたとしても、精神面が弱くて実力を出し切れないのでは悔やんでも悔やみきれません。

この章では、本番で本領を発揮するために、次の三つのテーマについて考えます。

1 試合に臨む指導者の心得
2 作戦への応用
3 選手の心のケア

こ の 章 の テ ー マ

1 試合に臨む指導者の心得

試合に向けた指導者のもっとも重要な役割は、「選手がこれまで培ってきた自分の力を存分に出せるような環境をつくること」です。

ここでは、本番前の選手のメンタル面を重視した接し方、試合中の指導者の行動が与える影響など、選手が集中力を高めるためにはどうしたらいいかについて見ていきます。

↓

㉔つねに「信頼の姿勢」を示して選手のやる気をアップする
㉕試合前のミーティングにはさまざまな工夫をする
㉖試合中の指導者の笑顔は選手に大きな影響を与える
㉗「伝える」から「伝わる」へコミュニケーション法を変える
㉘試合中はどんなときでも「勝てるふり」をする

2 作戦への応用

試合に勝つためには作戦が必要ですが、これは技術面だけでなくメンタル面からのアプローチも可能です。ここでは、その方法を具体的に紹介するとともに、心理的要素を重視したタイムのとり方についても見ていきます。

㉙試合の「流れ」はタイムの取り方で大きく変わる
㉚ロールプレイング法で心理面から相手の作戦を読む

3 選手の心のケア

「人間は感情の動物である」といわれますが、チーム力をアップするためにも選手のメンタル面のケアは欠かせません。ここでは、試合に負けたあとの選手や控え選手の心のケアについて見ていきます。

㉛勝ったあとよりも負けたあとのミーティングに気をつかう
㉜ふだんから控え選手の「心のケア」を心がける

24

試合に臨む指導者の心得①

つねに「信頼の姿勢」を示して選手のやる気をアップする

Knowledge of the leader who attends a game ①

「指導者の判断」と「選手の思い」の食い違い

プロスポーツの世界でも時々見られるシーンですが、エースといわれる選手が途中交代させられることがあります。監督に言われるままに、おとなしくベンチに退く選手もいますが、中には明らかに不満の意をあらわして、イスを蹴り上げたりする人もいます。

監督としては、その選手の最近の調子や他の選手との比較、あるいは残り時間から考えた戦術上の理由などから判断しての交代なのでしょうが、ベンチに下げられた本人からすれば「信頼していた監督に裏切られた」という気持ちを抱いても不思議ではありません。

言うまでもないことですが、指導者と選手では立場が違います。ともに「勝利」という目標に向かってはいますが、指導者は勝つためのメンバーを選ばなくてはなりません。そのためには、さまざまな状況を想定して、ベストのオーダーを組む必要があります。一方選手は、「自分が出場して勝ちたい」と考えるものです。

信頼関係がなくなるとすべてがマイナスに回転する

この両者の心理面に生じる「微妙な温度差」をどのように解消していくかは、とても大きな問題です。かりに、選手と指導者の関係がその試合一回で終わるのであれば、勝つための合理性だけを考えて選手を使うことも可能でしょう。しかし実際はそのようなことはなく、中学、高校のクラブ活動であれば三年間、大学では四年間、社会人ではそれ以上の長い期間、指導者は選手とつき合っていかなければなりません。

そういった状況にありながら、一、二試合で結果が出ないからといって、ある選手を切り捨てて次の選手を出してみるということを繰り返していたのでは、信頼関係は確実にくずれてしまいます。選手の立場からすれば、「調子のいいときだけ信頼しているような顔をして、少し結果が出なければ切り捨てられるのか」ということになるのです。

じつはこれがもっとも危惧される点で、一度信頼関係がくずれてしまうと、たとえ再度スターティングメンバーに選ばれたとしても、選手は「今日の試合も、結果が出なければどうせまた外されるんだ」と考え、すべてをマイナスにしかとらえられなくなってしまいます。

反対に、すぐに結果が出なくても、その選手を信頼して使い続けていると、「何としても監督に恩返しをしたい。結果を気にせず、とにかく自分の力を十分に発揮することを考えよう」と、プラスの方向に考えることができ、それがいい結果へとつながっていきます。

「指導者の判断」と「選手の思い」の食い違いは、信頼関係によって解決することができる。

指導者に必要な三つの要素

よく言われることですが、指導者には「信じる」「待つ」「許す」という三つの要素が必要です。選手を信頼して、ときには結果が出るまで待ち、許してあげるという姿勢を示すことが要求されるのです。言うのは簡単ですが、これを実践するのはなかなかたいへんです。いざ試合となると、どうしても勝つことのみを優先してしまうからです。

この三要素を実践するためには、「眼前の試合に勝つ」という短期的な目標と同時に、「選手を育てる」という長期的な目標をもって、選手を見つめていくことを心がけなければなりません。たとえば、野球でいえば、四番打者の調子が悪くなったとき「四番の重圧につぶされないように打順を下げよう」と考えるのではなく、「重圧に耐えてこの壁を乗り越えれば、その選手の将来に役立つ」と考えるのです。

このような考え方をもとにして、ふだんから一人ひとりの選手に信頼の姿勢を示し、ときには自分の考えを相手に伝えてコミュニケーションをとっておけば、両者の間の信頼関係は維持され、選手の実力もアップしていきます。

とはいうものの、スポーツの現場では、選手の好不調や実力の伸び具合によって、どうしてもレギュラーを入れ替えたり、オーダーをいじらなければならないことも出てきます。このときモノをいうのが、先ほど述べた指導者のスタンスです。ふだんからしっかりと選手たちのことを見つめ、信頼しているという姿勢を見せておけば、選手もきっとその入れ替えの判断について納得してくれるはずです。

ポイントはここだ！

ふだんから「信じる」「待つ」「許す」姿勢を示していれば、
選手は指導者の判断に納得してくれる。

指導者に必要な三要素

信頼関係さえ築いておけば、たとえ
途中交替しても納得してくれる

25

試合に臨む
指導者の心得②

試合前のミーティングにはさまざまな工夫をする

Knowledge of the leader who attends a game ❷

変化をもたせたミーティングで選手の注意を引きつける

ミーティングで何かを伝える場合、まわりの状況の違いによって選手の受け取り方は大きく異なります。たとえば、グランドや体育館でミーティングをするのと、部室に選手を集めてするのでは雰囲気が違いますし、練習着のままでするのと、ユニフォームや制服に着替えてするのとでも様子は違ってきます。

逆に言えば、試合に向けての重要な注意事項でも、日頃の練習のときとまったく変わらない状況で言ったのでは、「またいつもの通りか」ととらえられるだけで、選手の心の奥にまでは響かないのです。

ですから、試合前のミーティングで、日頃から言っていることを再度選手に徹底させたい場合は、いつもと違った状況や雰囲気を演出する必要があります。ふだん全員を前に話しているのなら、一人ひとりを呼んで個別に話すのもいいでしょうし、いつもは感情的に話しているのなら、試合前は意識して冷静に話してみてもいいでしょう。もちろん、先ほど述べたように、ミーティングの場所や服装を変えてみるのも有効です。

このように、日頃の慣れた状況とは違う環境に置かれることで、選手は新鮮な気持ちで指導者の言葉に耳を傾けられるようになります。要は、選手の中に「あれっ、今日はいつもと違うな」という気持ちを喚起できればいいのです。

試合の重要度によってミーティグのしかたを変える

「試合」といっても、重要度はさまざまです。本来なら、試合の重要度に合わせてミーティングのしかたも変えるべきなのですが、指導者の多くはどのような試合でも同じ調子、同じような状況でミーティングを開いているケースが多いようです。

すると、絶対に落とせない重要な試合の前にもかかわらず、選手は「これは毎試合行われる恒例のミーティングだ」くらいの意識しかもてなくなってしまいます。このような状況では、指導者がいくら大切なことを伝えようとしても、徒労に終わってしまいます。

そこで、試合のレベルに応じて、ミーティングにも変化を加えます。たとえば、「それほど大切ではない試合の前にはミーティングを開かない」ということにすれば、大切な試合前のミーティングは自ずと緊張感のあるものになります。

ミーティングを演出する方法

ミーティングに変化をつける方法は、ほかにもいくつかあります。一つは、いつも話し

「いつものミーティングとは違う」と思わせることで選手の注意を引きつけ、集中力をアップさせる。

いつもと違う表現を使うだけで、選手のとらえ方は大きく変わります。同じ内容の話であっても、いつもと違う表現を使うだけで、選手のとらえ方は大きく変わります。

たとえば、いつもは「君は変化球に弱いから、相手投手のカーブには手を出すな」と言っているとしたら、試合前のミーティングでは、「今日は相手のストレートだけを狙っていけ」と表現を変えるのです。これだけで選手の気持ちに変化をもたせることができます。ただし、これを実行するためには、指導者自身が日頃口にしていることを強く意識していて、積極的にそれを変えようとする必要があります。

もう一つは、ミーティングの時間に変化をつける方法です。たとえば、日頃の練習で長々と話す指導者であれば、試合前はポイントだけを伝えて、短時間でミーティングを終わらせたり、逆に日頃はあまり多くを話さない指導者であれば、試合前は自身の熱い気持ちを込めて少し長めのミーティングにしてみたりするのです。指導者がいつも一方的に話しているのであれば、逆に選手に話をさせるミーティングにしてみてもいいでしょう。

試合前のミーティングでは、緊張やプレッシャーを感じていたり、競技のことだけに心を奪われていたりするので、自分のことで手一杯という選手が多いものです。そのため、指導者の話を静かに聞いているように見えても、じつはその声は届いておらず、自分の世界に入っているケースが多いのです。それを防ぐためにも、大事なことを再度確実に伝えるための環境づくりをする必要があります。

ポイントはここだ

話をきちんと伝えたいときには、環境づくりや雰囲気づくりなど、
いろいろなことに気を配る必要がある。

<いつものミーティング>
場所や形を変えてみる
室内から → 屋外へ
座らせる → 立たせる
やり方を変えてみる
自分が話すだけ → 選手にも言わせる
あえて行わない
本日は解散!
それほど重要でない試合の前は開かない

26

試合に臨む指導者の心得③

試合中の指導者の笑顔は選手に大きな影響を与える

Knowledge of the leader who attends a game ③

試合中の指導者の役割とは何か？

日本のスポーツの現場では、試合中の指導者の顔は「怖いもの」と相場が決まっていましたが、最近になって、笑顔で選手に接するシーンをよく目にするようになりました。しかし、大多数の指導者は、選手以上に厳しい顔をして怒声をあげて指示を出しているのが現実です。

考えてみれば、試合で戦わなければならないのは選手であって、試合中の指導者の役割は、戦況を見守り、状況に応じてサインを出したり、選手交代の指示を出したりすること、そして何より選手一人ひとりが自分の実力を発揮できる環境をつくることだといっても過言ではありません。

そのためには、今まで自分が育ててきた選手を信頼して、これまでの練習の成果を出し切れるようにメンタル面をコントロールすることが重要になります。

指導者の表情が選手に与える影響

選手は大切な試合になればなるほど緊張して、不安感やミスに対する怖れを抱くなど、心理的なマイナス要素が通常よりも強くなっています。このような状態の選手に、指導者がいつも以上に厳しい顔で接したら、それらのマイナス要素がさらに増幅してしまうでしょう。

たとえば、試合中選手がミスをしたとき、指導者が鬼のような形相をしたとしたら、選手は「たいへんなことをしてしまった」と思うと同時に「これはあとでひどく怒られるな」と恐怖心をつのらせて、気持ちを切り替えることができなくなってしまいます。同じくピンチの場面でも、指導者が厳しい顔を見せていたら、選手も「絶対に失敗はできない」と委縮してしまいます。そうなると、プレーにも影響を及ぼして、十分に力が発揮できなくなったり、さらなるミスを招いたりすることになります。

このように、「厳しい顔」が選手に与える影響には、あまり芳しいものはありません。そこで、試合中は選手に対してできる限り「笑顔」で接するようにします。たとえば、選手がミスをした場合でも、「大丈夫。ここから先は気をつけろ」と笑顔で声をかけます。「笑顔」は選手を安心させ、落ち着かせる効果があります。また、厳しい表情が試合に対する指導者の支配力を感じさせるのに反して、笑顔は選手に「試合の主役は君たちだ」という指導者の信頼感を伝えます。

先ほど、試合における指導者の役割は、選手が実力を出し切れる環境をつくることだと

練習中は「厳しい顔」で指導し、試合中は「笑顔」で接する。このギャップが選手をリラックスさせる。

述べましたが、選手の潜在能力の発揮という点で見れば、自分が大きなもの（＝指導者）に支配されていると感じるよりも、「ここは自分たちのための舞台なのだ」と感じるほうが力を出し切れるものなのです。

練習のときの「厳しい顔」と試合のときの「笑顔」

ここで注意したいのは、つねに笑顔で接していればいいというわけではなく、練習のときは「厳しい顔」で接し、試合になったら「笑顔」でということです。つまり、試合中の笑顔をさらに効果的なものにするためには、練習中の顔とのギャップが必要なのです。

たとえば、ふだんから指導者が選手のミスに厳しく接していたとします。すると、試合でミスをした選手は、瞬間的に「日頃の練習から考えて、すごく怒っているだろうな」と思うはずです。ところが、覚悟して指導者の顔を見たときに笑顔だったとしたら、選手はそのギャップにより、気持ちがグッと軽くなるはずです。選手の心理面に与える負荷が大きければ大きいほど、それが取り除かれたときの安心感は大きくなるわけです。

これとは反対に、ふだんの練習から、ミスをしてもしからないという指導方針だったとしたら、選手の中に甘えが生じてしまい、試合中の指導者の笑顔も意味をもたなくなってしまいます。

このように指導者は、つねに選手から見られているということを意識し、自分の表情が選手に与える影響について考えて行動する必要があります。そうすることで、選手個人が抱える心理的なマイナス要素をプラス方向に導いていくことが可能となるのです。

ポイントはここだ

「指導者の顔」が選手に与える影響の大きさを認識して、
試合中は意図的に自分の表情を演出する。

〈練習中〉

〈試合中〉

指導者の表情	練習中 → 試合中	練習中 → 試合中	練習中 → 試合中
選手の気持ち	不安感、ミスに対する恐れなど、マイナス要素が増幅 ✕	信頼感を与え、試合でリラックスできる ○	選手に甘えが生じてしまい、緊張感が保てない ✕

27

試合に臨む指導者の心得④

「伝える」から「伝わる」へコミュニケーション法を変える

Knowledge of the leader who attends a game ❹

「マスト（must）」と「ワント（want）」

みなさんには、「相手に伝えたつもりだったけれど、じつは伝わっていなかった」という経験があると思います。「伝えることと伝わることは必ずしも同じではない」わけです。

相手に何かを伝えるときいちばん大切なのは、受け手が今どのような状態にあるかを把握したうえで、何をどのように伝えればいいのかを冷静に考えて伝えることです。つまり、指導者として選手に理解させる、従わせるという発想ではなく、共感してもらう、（伝えたように）動きたくなってもらうという発想をもつことです。

突然ですが、「マスト（must）」と「ワント（want）」をご存知でしょうか。マストとは、たとえば「このケースでは確実に一点取らなくてはならない」というもので、チームの視点に立った判断です。これに対してワントは、「自分は○○のようなプレーをしたい」というもので、これは一個人としての視点に立っています。そして、これには選手、指導者それぞれのワントがあります。両者のワントが合致していれば、お互いが共感し合うため話は伝わりやすくなりますが、両者のワントが違っていたら、話はなかなか伝わりません。

たとえば、野球で九回裏の攻撃中、一点差で負けているもののノーアウト・ランナー三塁のチャンスを迎えているとします。このケースで、選手のワントは「打ちたい」、指導者のワントは「スクイズを決めて、確実に同点にしたい」だとします。ここで指導者がスクイズのサインを出したり、指示を与えたりすれば、選手はそれに従ってバントをするでしょう。しかし選手自身も心から「スクイズを決めたい」と思わなければ、本当に伝わったことにはなりませんし、集中力にも影響します。

選手が納得できる伝え方

では、そのためにはどうすればいいのでしょうか。まず指導者は、選手のワントを聞きます。このケースで自分は何をしたいのかを確認します。ここで両者のワントが同じであれば気持ちよく送り出せばいいのですが、違っている場合には、このケースにおけるマストを話して、選手を「ワントからマストの世界へ」引っ張り出さなくてはなりません。「ここで一点を確実に取らなければ試合に負けてしまう」という事実を認識させるのです。

そのうえで、考えられる方法を分析します。①自由に打たせる場合：その選手のチャンスでの打率はどうか。②スクイズする場合：その選手のバントの技術はどうか。③外野フライを狙わせる場合：その選手のバッティング技術はどうか。このように考えられる作戦を検討するわけですが、この場合打者のスキルのほかに三塁ランナーの足が速いかどうか、

選手と指導者の「ワント」が異なっている場合には、「マスト」を前提にして、それを実現するための方法を検討する。

相手の守備力がどの程度かなども検討材料に入ります。

こうしてマストを実現するためにいちばん確率の高い方法を選ぶのですが、たとえそれが選手のワントと違っていたとしても、指導者が一方的に「○○しろ」と伝えた場合と違って、選手にもその意図が十分に伝わるようになるはずです。

選手とのコミュニケーションで大切なこと

もう一つ重要なことがあります。それは、選手のワントを否定するのではなく認めたうえで、マストを実現するためのワントに導くということです。先ほどの例でいえば「このケースでヒットを打ってやるというのはとても頼もしい」と認めたうえで「何とかスクイズを頼む。高めのボールにだけは気をつけろ」と具体的な指示を出します。そして「追いついて延長になったら、次の打席ではヒットを頼むぞ」と伝えます。そうすれば、選手は絶対にスクイズを決めて、次はヒットを打ってやるという前向きな気持ちになるでしょう。

このように、「本当に伝わる」ということは、選手の気持ちが変わり、自らもそのようにしたいと自然に行動できるようにすることなのです。これは単に試合のときだけの話ではありません。日頃から選手とこのようなコミュニケーションがとれていなければ、試合で効果を発揮することはできません。

ここで心に留めておいてほしいのは、指導者個人のワントをチームとしてのマストにすり替えてはいけないということです。その意味でも、指導者はどんな状況でも客観的なマストの視点をもてるように意識することが重要です。

ポイントはここだ

選手をその気にさせる「伝え方」は、①選手のワントを否定せず、
②具体的な指示を出し、③次回に期待する気持ちを伝える。

①選手の“思い”を認め

打たせてください
その強気は大したものだ

②具体的な指示を出し

でもここはスクイズだ
高目のボールには気をつけろ

③「次への期待」を話して送り出す

次はヒットを頼むぞ
ハイ！

28

試合に臨む指導者の心得⑤

試合中はどんなときでも「勝てるふり」をする

Knowledge of the leader who attends a game ⑤

指導者の不安は選手に必ず伝わる

みなさんも経験したことがあると思いますが、選手は試合でピンチになると、よく指導者を見ます。これにはいろいろなケースが考えられますが、「どうしたらいいかわからない」「試合に負けてしまうかもしれない」といった不安を抱いているときがほとんどです。

選手から見れば、指導者は少なくとも自分より多くの経験を積んできているので、今自分が置かれている状況がどうなのかわかるはずだと思っています。

このとき、指導者自身も動揺したり、「この試合には負けてしまうかもしれない」と考えて、そのような顔つきや動作をしていると、それを見た選手も「やはり負けると思っているのか」と、さらに不安感を募らせてしまいます。

こういう状況にある選手は心理的に追い込まれているので、指導者のわずかな表情やしぐさを決して見逃しません。たとえば、口では「大丈夫、大丈夫」と言っていたとしても、立ったり座ったりして落ち着きがなかったり、貧乏ゆすりをしていたりすると、選手は「ダメかもしれない」という雰囲気を敏感にキャッチします。

勝てそうな雰囲気を示すためのトレーニング

ここで大切になるのが、指導者自身のイメージトレーニングです。よく選手が自分のプレーを友人などに頼んでＶＴＲで撮影しているのを目にしますが、指導者もベンチやスタンドでの試合中の自分の姿を録画してチェックしてみてください。

戦況を見つめたり、指示を出しているときの自分の癖や表情に注目しますが、とくに勝っているときのＶＴＲと負けているときのそれを比較すると、改めて両者の間のズレに驚くはずです。自分では、どのような状況になっても冷静だと思っていても、実際には、その態度にかなりの変化があるものです。

次に、ＶＴＲを活用して、勝っているときの自分の姿を何度も頭に思い浮かべるトレーニングをします。そして、実際の試合で「負けるかもしれない」と思った瞬間に、そのイメージを思い描くようにするのです。

また、自分のチームが過去に勝ったときのことを思い出してみるのもいいでしょう。もし、まだ勝った経験がないのであれば、これまで自分が指導してきたチームや選手、あるいは現役時代に勝ったときのことでもかまいません。

現実に目の前でプレーしている選手のことを考えると不安になってしまうかもしれませんが、過去に勝ったときのいいイメージを思い出すことで、そのときの感情や自信が心の

勝てる雰囲気をかもし出すために、指導者はふだんからイメージトレーニングをしておく必要がある。

中に喚起されます。みなさんご存知の「思い出し笑い」は、過去を思い出すことでそのときの愉快な感情がわき上がり、それが笑いをつくり出すというしくみになっています。

これと同じく、指導者の中に勝ったときの感情や自信などが喚起できれば、それが自信に満ちた力強い表情やしぐさをつくり出してくれるのです。

あきらめない姿勢をつくるためのトレーニング

さらに指導者は、勝負に対する潜在意識を改めて、「どんなことがあっても試合をあきらめない」という姿勢を選手に示していく必要があります。

統計的に見て、スポーツにおける逆転勝利はそんなに頻繁に起こるものではありません。そのことは、私たちの潜在意識の中にも強く刷り込まれています。したがって、表層意識でいくら「勝負は最後の最後までわからない」と考えようとしても、潜在意識では否定されることになります。それを破るためにも、潜在意識を変えるためのトレーニングが必要になります。

方法は簡単です。種目を問わず、多くの逆転勝利が収められたＶＴＲを集めて、その場面を編集します。そして、試合が近くなったら、それを繰り返し見て、自分たちが逆転勝ちするシーンをイメージします。すると、それが潜在意識に作用し、「最後まであきらめなければ、逆転勝ちできるのだ」という考えが刷り込まれるのです。このような指導者の努力によって、どんな状況でも自信に満ちた態度をつくり出せるようになり、それがピンチのときの選手に勇気を与えることになります。

ポイントはここだ

指導者は、試合中つねに選手から見られていることを認識して、
彼らを動揺させない態度や行動を心がける。

よーし
勝っているときの
自分の姿
イラ
イラ
負けそうなときの
自分の姿
何度も
VTRを見て
イメージを
インプット
最後まで
あきら
めない
逆転勝利!!

29

作戦への応用①

試合の「流れ」はタイムの取り方で大きく変わる

Application to strategy ❶

「致命的なミス」の前の「小さなミス」の繰り返し

スポーツ中継を見ていると、解説者が「あのミスがきっかけになって、流れが大きく傾きました」と言うことがあります。この場合、じつは指摘されているミスの前にも、小さなミスを何回か繰り返しているものです。

その小さなミスの集積が、次に犯したミスによって致命的なものになってしまうので、見ている人にも、プレーしている選手にも最後のミスがクローズアップされて、結果としてそのように感じてしまうだけなのです。

たとえば野球の場合。ノーアウトで投手がフォアボールを出したとします。このとき投手は「自分のミスでランナーを出してしまった」と感じます。次に、次打者が投手前にバントをします。通常なら的確な状況判断をして処理できるものが、前のミスが微妙に尾を引いていて、ダブルプレーを取ろうと間に合わない二塁に送球してセーフとなり、ランナーを二人ためる結果になります。

ここで投手は「今のは一塁で確実にアウトを取れたのに、ピンチを自分で大きくしてしまった」と考え、気持ちはかなり落ち込んでしまいます。そのような気持ちで次の打者と勝負すると、結果はたいていの場合いい方向にはいかず、点を取られてしまうことが間々あります。そうなると、投手心理は致命的なものとなります。

この場合、まわりから見たら「致命的なミス」＝「バント処理でのミス」ということになるのでしょうが、心理面から考えると、その前のフォアボールが引き金となっているのです。

どのタイミングでタイムをかけたらいいのか？

ここで考えていただきたいのが、「ミスの連鎖を断ち切る」ということです。今述べたように、大きなミスの前にはたいてい小さなミスをしています。そのどこで歯止めをかけるかが重要です。

よく見られるのは、致命的なミスをしたところでタイムをかけて、悪い流れを変えようとする場面ですが、じつはこのタイミングで間をとっても、選手は頭の中が真っ白になっていて、心も激しく動揺しているので、ほとんど指導者の言葉は耳に入りません。

前述の例でいうなら、バント処理を誤ってからタイムをとっても、あまり効果はありません。では、どのタイミングがいいのかといえば、最初のフォアボールを出した段階、すなわち、「致命傷になる一歩手前の段階」がベストなのです。

相手に行きかけた流れを引き戻すには、「致命傷になる一歩手前」のタイミングでタイムをとるのがベスト。

選手は、ミスを重ねれば重ねるほど、「このミスを自分で取り戻してやる」と考えて冷静さを欠き、判断能力も低下して、つい無理なプレーをするようになります。チームスポーツであれば、他の選手の範囲だと思われるような無理なボールにまで手を出してミスを重ね、より深い心理面の落ち込みを招いてしまうのです。

一方、ミスが続くことで、その場から逃避したいという欲求も高まります。すると「早くこの勝負に決着をつけたい」と考えて、焦りを招き、それがさらなるミスを誘発します。だからこそ、指導者はこうした選手の心理状態と試合状況を総合的にとらえて、タイムをとるタイミングを図っていく必要があるのです。

相手の心理も計算してタイミングを図る

タイムに関しては、相手選手の心理も考慮する必要があります。先ほどの野球の例でいうと、最初のフォアボールの段階では、相手チームの心理は「ラッキー」程度です。しかし、次に犯した送球ミスでは、「大きいチャンスが転がってきた。これはいけるぞ」といったプラス思考になります。

そうしたプラス思考が、さらに次のヒットにつながって点が入ることで、相手の心理は加速度的に乗っていきます。こうなると、試合の流れは完全に相手のものです。

相手の心理を火にたとえるなら、燃え始めの火は少量の水でもすぐに消すことができますが、燃え上がった火は多少の水をかけても消すことはできません。

このように、タイムをとるタイミングはメンタル面から考えて非常に重要なのです。

ポイントはここだ

試合の流れ、相手の動き、選手の心理状態などを考え合わせながら、もっとも効果的なタイムのタイミングを見定める。

30

作戦への応用②

ロールプレイング法で心理面から相手の作戦を読む

Application to strategy ❷

自チームに勝つにはどんな作戦をとったらいいか?

指導者は、試合前や試合中に、自チームの選手がどのように試合を運べばいいかをつねに考えなくてはなりません。そのためには、相手選手の作戦を正確に把握する必要があります。このとき活用するのが「ロールプレイング法」です。これは、指導者自らが相手選手の立場に立って、自チームの選手と対戦するとしたら、どのような作戦を立てるかを考えるという方法です。

当然のことながら、指導者は自チームの選手の長所と短所を十分理解しています。だからこそ、指導者は自チームの選手の短所をつく作戦を考えることができるわけです。ここで注意しなければならないのは、相手選手が「その作戦を実践するだけのスキルをもっているかどうか」チェックすることです。

具体的には、VTRを使って相手選手の実力を判断しますが、もし相手選手にそれだけのスキルがないと思われる場合には、相手選手の実力の範囲内でどうすれば勝てるのかを考えなければなりません。

こうして相手の立場に立ってつくり上げた作戦を自チームの選手に伝えて、それに対してどのように対応すればいいかを考えていくわけです。

作戦だけでなく相手の心理パターンもチェックする

ここで覚えておきたいのは、ＶＴＲでチェックするときは、相手選手の心理的パターンについても注意するということです。なぜなら、相手選手は複数の作戦を用意していて、その中からどれを使うかは、相手の心理状態に左右されるからです。

たとえば柔道で、残り時間わずか、相手選手はポイントで負けているという状況だったとします。そのときその選手が、「もう勝てない」とあきらめてしまうのか、「『一本』を狙うよりも『有効』を狙ってポイントで追いつこう」と確実に攻めるのか、それとも「どうせ負けるなら、一か八か大技で『一本』をとってやろう」と完全に開き直るのかを観察します。

すぐにあきらめてしまうような選手なら楽でいいのですが、確実にポイントを狙ってくるのか、一発逆転を狙ってくるのかは、対応する側としてはとても大きな問題です。そして、この点はその人の性格や心理パターンに左右される部分です。

だからこそ、ＶＴＲで研究するときに、相手選手のスキルのチェックと心理パターンのチェックの両方をすることで、試合展開や残り時間などの要因によって相手選手がどのよ

相手の選手や指導者の立場になりきって、自チームと対戦するならどういう戦略を立てるかを考えてみる。

うな作戦を立てて対処してくるかを知っておく必要があるのです。つまり、試合の流れに応じた相手の作戦を、事前に絞り込んでおくわけです。

相手指導者の心理パターンも把握する

すでに気づいていると思いますが、相手選手の心理パターンをチェックすると同時に自チームの選手の心理パターンも分析しておけば、有効な戦術を立てやすくなります。たとえ相手がまったく同じ方法で分析して「この流れなら相手はA作戦をとるはずだ」と考えてその通りにしてきたとしても、こちらがいつもと違うB作戦をとったとしたら、戦術的には優位に立つことができます。

相手からすると「なんで今までのパターンと違うんだ」と当惑することでしょう。人間の心理パターンは、意識して変えない限り、状況が同じであれば同じようなことを繰り返すものです。この心理面の特性を利用しない手はありません。

また、指導者は、相手選手だけでなく、相手の指導者も分析する必要があります。これもロールプレイング法を用いますが、相手の指導者が指示を与えている場面があったらVTRを停止させて、次の作戦を予想しながら見るようにします。そうすれば、「自分だったらこのケースではこういう指示を出すけれど、相手は違うんだな」ということがわかり戦術が立てやすくなります。

指導者は、相手の戦術を分析するだけでなく、選手や指導者の心理面についてもチェックしておく必要があるということを忘れないでください。

ポイントはここだ

対戦相手のスキルと戦術だけでなく、選手と指導者の
心理パターンの分析もしておくと、試合であわてることはない。

<対戦相手>

技術
得意技
戦術の
特徴
心理
パターン
性格

<対戦相手の指導者>

戦術の
特徴
心理
パターン
経験値
性格

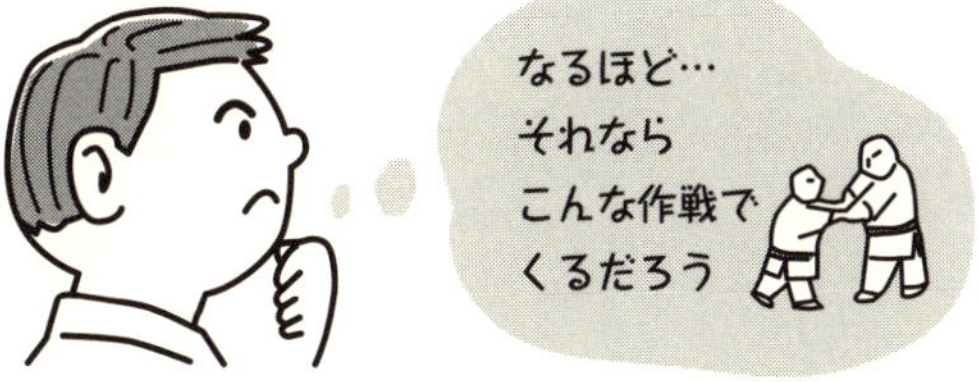
なるほど…
それなら
こんな作戦で
くるだろう

31

選手の心のケア①

勝ったあとよりも負けたあとのミーティングに気をつかう

The care of a player's heart ❶

負けたときは試合直後の心理状態を考慮する

負け試合というのは、選手だけでなく、指導者をも落ち込ませてしまうものです。ショックを受けた指導者は、受けた衝撃の程度によっては自分のメンタル面の整理で手一杯になってしまい、選手の心のケアにまで意識が向かなくなります。それどころか、自身のやるせない気持ちを選手にぶつけてしまうといったケースさえあります。

しかし、試合に負けていちばんダメージを受けているのは、当然のことながら選手自身です。とくに試合直後は、ショックから立ち直れていないので、その状態で指導者の怒りが直撃すると、選手の心の傷はさらに深く、大きくなってしまいます。

怖いのは、その傷が選手心理に作用して試合で負けることへの極度の不安をつくり出し、その不安が次の試合の際にさらに過度の緊張を発生させるという悪循環が生じることです。

それでは逆に、試合直後に「君は精一杯がんばった。負けたけどナイスゲームだった」

と指導者が選手をなぐさめたとしたらどうでしょうか。スポーツ選手は、負けず嫌いな性格の持ち主が多いため、自分の心理が弱っているときにこのような言葉をかけられると、他人から同情を受けたととらえてしまい、自分がよりみじめになって「こんな恥ずかしい思いは二度としたくない」と感じてしまうことがあります。

このようなみじめな気持ちが強調されると、やはり次の試合のときにマイナスに作用して、過度の緊張を生じさせてしまいます。つまり、試合直後は選手自身の心の整理がついていないので、指導者に怒られてもなぐさめられても、それがマイナスに作用して、心の中で「試合に負けた自分」が強調される結果になるのです。

日本のスポーツの現場では、試合直後に「反省会」を行うケースがほとんどですが、今述べた理由から、負け試合のときのミーティングは数日後に行うのがいいでしょう。

ミーティングでは試合の勝敗よりも内容に目を向ける

通常のミーティングでは、「なぜ負けたのか」という原因追及がなされます。しかし、ミスの追及というネガティブな話ばかりに終始してしまうと、選手も指導者もプレーのマイナス面にばかり意識が向いてマイナスイメージだけが心に焼きつけられることになり、選手に悪影響を及ぼします。

そこで指導者は、試合の勝敗よりも試合内容に目を向けたミーティングを開くようにします。そして、「悪いプレー」ばかりではなく、「いいプレー」についても分析するようにします。

負け試合のミーティングでは、選手の心のケアとミスを次に生かすことに重点を置く。

ここで注意したいのが、分析する順序です。「悪いプレー」の分析から入ってしまうと、それだけで気持ちが滅入ってしまい、あとから「いいプレー」について分析してプラスのイメージをもたせようとしても難しくなるので、「いいプレー」から入ります。そうすれば、「自分はあの試合でこんなにすばらしいパフォーマンスができていたんだ」と冷静に考えることができます。それが心理面でのクッション役となって、あとから入ってくるマイナスイメージに対しても、冷静に対応する心の準備ができるのです。

選手の負担を軽くするミスの追及のしかた

一般的にチームスポーツでは、敗因を個々の選手に求めるのではなく、全体責任として考えようとする傾向があります。しかし決定的なミスをした本人は、自分のミスが原因で試合に負けたということを十分にわかっています。同様にほかの選手も、口には出しませんが「誰のミスで負けたのか」を理解しています。こういった場合に「全体責任」の形をとってしまうと、ますますミスした選手の心の負担を大きくしてしまう結果になります。

指導者は、ミスした選手の心理的負担を少しでも軽くするつもりで全体責任の形をとるのでしょうが、それはかえって逆効果です。やはり、誰のどのようなプレーが原因で負けたのかを明確にしたほうが、いい結果が得られます。ただし、ミスを責めるのではなく、「○○は今までに何度もピンチを救っている。でも今回に限ってはミスをした。このミスを次に生かそう」というように、あくまでも冷静な試合分析の一環として話すようにします。そうすれば、その選手の心理的負担を軽くすることができます。

ポイントはここだ！

負け試合のミーティングは、強くなるために非常に大切。
ミーティングの時期、テーマ、内容、順番などに十分配慮する。

負け試合のミーティング手順○×

時　期	× 試合の直後	○ 数日後
テーマ	○ 試合の内容について	× 勝敗について
内　容	× 悪いプレーを分析	○ いいプレーも悪いプレーも分析
順　番	○ いいプレー→悪いプレー	× 悪いプレー→いいプレー
スタンス	× 個人の責任には言及しない	○ 個人の責任にも言及する

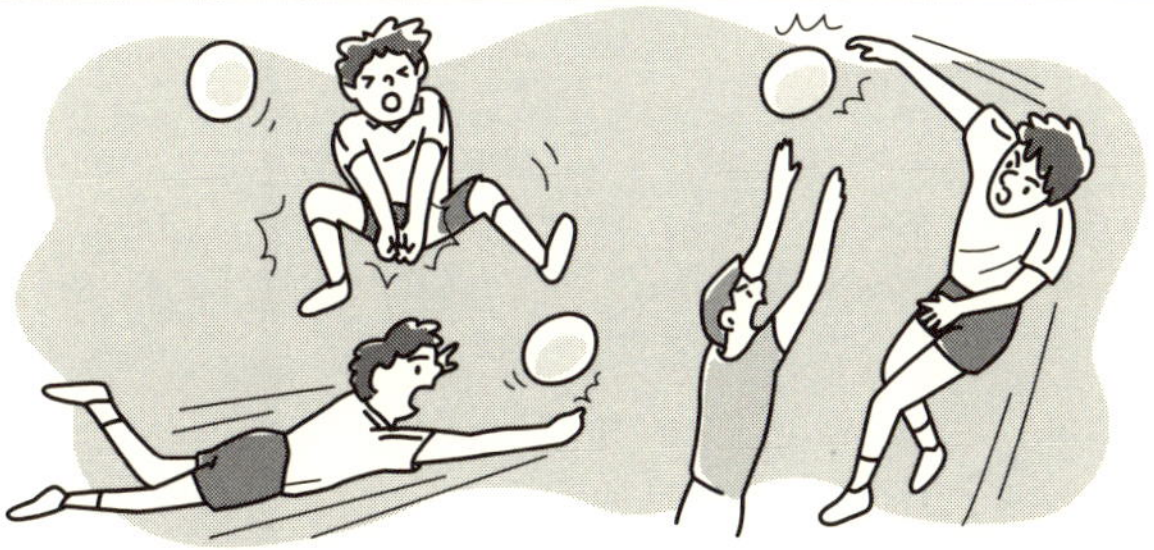

32

選手の心のケア②

ふだんから控え選手の「心のケア」を心がける

The care of a player's heart ❷

負けず嫌いの選手心理は〝チーム一丸〟では処理できない

多くの指導者は、日頃の練習から「チーム一丸となって勝利に向かおう」と言って、チーム全体の士気を高めようとします。しかし、その言葉を控えの選手がどのような気持ちで聞いているのかまでは考えていないように見受けられます。

「チーム一丸」といっても、チーム内には試合に出られる選手と、そうでない選手が混在しています。しかも、ふつうは控え選手のほうが多いわけです。だからこそ、指導者は控え選手の心理面に十分に注意を払う必要があるのです。

ところが、実際には指導者の意識はレギュラー選手に向けられます。それが顕著になると、控え選手の中にはへそを曲げる者も出てきて、「チームの勝利を願っている」と口では言っていても、心の奥では「自分がメンバーに選ばれなかった試合は負ければいいんだ」というように、チームの敗退を願うケースも出てきます。

確かに、スポーツ選手にとって「悔しい」と思う気持ちはモチベーションを高めるためにも必要です。しかし、それがゆがんだ形で出てしまうと、チーム全体の統率がとれなくなることがあります。そのため指導者は、控え選手の心のわだかまりを少しでも取り除くように配慮する必要があります。

選考基準があいまいな場合の選手心理に注意

その方法の一つとしてあげられるのが、「選手の選考基準を明確にする」というものです。日本のスポーツの現場では、選手の起用方法は、たいてい指導者に委ねられています。指導者は、あらゆる条件を考慮して、自分なりに選手を選抜するのですが、その〝選考基準〟は、あくまでも指導者の頭の中にあるものであって選手には見えません。

選手起用に納得できず、そのことで悩む選手は、指導者に不信感を抱きます。「自分を嫌っているから選んでくれないのではないか」「どう考えても、選ばれたあの選手よりも自分のほうが結果を出せるはずだ」などと、勝手に想像をふくらませるのです。選手の「負けず嫌いの心理」に、こうした不信感が加わることで、「チームが負けて、自分を選ばなかった指導者を後悔させてやりたい」という気持ちがより強固なものになります。

このような心理に気づかなかったり、気づいていても無視して練習を続けていると、「あの選手がケガをすれば自分が試合に出場できるのではないか」というゆがんだ気持ちが芽生え、「練習中どさくさまぎれにケガをさせてやる」という心理に発展してしまう場合もあります。実際私の知っているラグビーチームでは、チーム内で行う紅白戦のときに、ラ

すべての選手のモチベーションを維持するためには、レギュラーの選考基準を明確にすることも大切。

イバル選手の足を踏みつけたり、顔を蹴飛ばしたりすることが平気で行われていました。

もちろん、これらは極端な例ですが、指導者は選手がこのような誤った方向に進まないように、つねに気を配らなければなりません。

選考基準を明確にするための方法

そのためには、公平に選手を選んだつもりでいるだけでなく、日頃の練習のときから、どうして〝公平〟であると言えるのか、指導者自身の選手の選考基準を明確にする必要があります。

たとえば、それぞれの選手の日頃のプレーに対する評価を点数化して、それに基づいてレギュラーを決めるという方法があります。選手に前もって「毎日の練習を評価して、その合算で○点以上の選手を試合に出場させる」などと伝えておけば、選手は納得しやすくなります。また選手の選定を、選手全員の無記名投票によって決めるなど、指導者の手から選手の手に委ねてみるという方法もあります。

これらは一つの例ですが、重要なのは、控え選手が「今回の試合に自分が出られないのは納得できる」と思えるような明確な基準をつくっておくことが、指導者には求められているということです。

そのうえで、指導者は、控え選手に対して「今回は△△の理由で残念な結果になったけれど、□□のスキルをあと少し伸ばせば次は大丈夫」というように、明確な理由づけと課題設定をして、選手一人ひとりのフォローをしていくことを忘れてはなりません。

ポイントはここだ

一丸となって戦うためには、チームの多くを占める控え選手のメンタル面に留意して、「納得できる環境」をつくり出す。

<選手の選考基準があいまい>

いったい
いつになったら
試合に
出られるの
…
こんな試合
負ければいいんだ…
コーチは私を
嫌ってるんだな…
負けて私を
選ばなかったことを
後悔すればいい…
誰かケガでもすれば
選ばれるかな
……

<選考基準が明確>

レギュラー
ポイントまで
あと3ポイントだぞ
わかりました！
がんばります!!

指導者Check！　その❹　選手のメンタル面チェック

	チェック欄
❶ 無断欠席、遅刻、早退、病欠が多くなっている	
❷ 身だしなみや態度がだらしなくなっている	
❸ 人を避けたり、視線を恐れているように見える	
❹ 不平不満が多くなり、周囲との対立が見られる	
❺ 他人の言動を必要以上に気にしている	
❻ 被害者意識が強くなり、ネガティブな言動が多い	
❼ 練習中もそわそわして落ち着きが感じられない	
❽ 整理整頓や後片づけがきちんとできなくなっている	
❾ 簡単なミスプレーやサインミスが増えている	
❿ 一人で考え込んだり、ボーっとしていることが多い	
⓫ 表情が乏しく活気がなくなり、動作も鈍くなっている	
⓬ 口数が少なくなり、部員同士でのつき合いも悪くなっている	
⓭ 話のまとまりが悪くなり、急に言葉が途切れたりする	
⓮ 細かいことに執拗にこだわり、意味のない質問を繰り返す	
⓯ 小さな失敗に対していつまでもくよくよ思い悩んでいる	
⓰ 現実から目をそらせて、根拠もなく自分を正当化する	
⓱ 妙なしぐさや言動が見受けられるようになっている	
⓲ 大した理由もないのに「退部したい」と希望してくる	
⓳ 気難しくなり、気分のアップダウンも激しくなっている	
⓴ 指導者やチームメイトに対して無関心になっているように感じる	

◎✔が5個以下：選手のメンタル面に問題はない。◎6個～12個：メンタル面にやや不安を感じる。
◎13個以上：メンタル面にかなりの問題を抱えている。
✔の個数に関わらず、✔がついた部分については指導者として十分注意を払ってください。時には選手と個別面談をするなどしてケアしていきましょう。

あとがき

この本は、『その気にさせるコーチング術』という本が元になっています。同書は、それまであまりなかった「現場でのコーチングについて具体的にまとめた本」として好評をいただき、順調に版を重ねました。

当時は、スポーツ界の流れの中でも大きな変革期でした。スポーツ科学の発展もあって従来のスポーツのあり方について検討され、指導という点から見ても、単純な技術指導だけでなく、選手のメンタル面を含めた心理指導が重視されるようになりました。

その心理指導の一つの形として、「コーチング」という方法論がクラブ活動でも認知され始めました。コーチングをどのようにスポーツに活用して、選手をその気にさせていくのか。「その気にさせる」ことで、選手のもっている力を100パーセント発揮させようというわけです。

お陰さまで『その気にさせるコーチング術』は、たくさんの指導者の方に読んでいただきました。講演などに行くと、「あの本読んだよ」とよく言われたものです。しかし、出版元の都合によって同書を手に入れることができなくなり、そのことについての問い合わせをいただくこともありました。

そんなとき、今回のお話がありました。私にとってはたいへん有り難いお話で、喜んでお引き受けしましたが、あれから約10年、スポーツやクラブ活動の現場も、あるいは社会的にも大きな変化がありました。

本書を著すにあたっては、そのような変化に鑑みて古くなった部分を改めました。また、今の時代だからこそどうしても伝えなくてはならないと考えた新しい項目も追加しました。さらに、それぞれの項目のポイントを1ページのイラストで示すようにして、より理解しやすい工夫をしました。


さて、当時と比べて、スポーツの現場、クラブ活動の現場、社会が大きく変わったと述べましたが、クラブ活動について考えてみると、やはりいちばん変わったと感じるのは、指導をする相手、すなわち子どもたちです。

今の子どもたちは、一見すると親の愛情をたくさん受けて育っているように思えます。しかし、実際には病的ともいえる過保護や、親にとっての子どものペット化などが増えているのが現状です。小さい頃から、親が子ども自身で解決すべき問題や困難を取り除いてしまったり、必要以上に甘やかして、子どものメンタル面を弱めてしまっているというケースが多いのです。

そこでクローズアップされるのが現場の指導者です。今述べたような状況を考えると、家庭で教えることが少なくなっている「厳しさ」について教えていくことが、現在の指導者の一つのテーマだといえるかもしれません。

「厳しさ」といっても、昔ながらの厳しさでは今の子どもたちの心には届きません。届かないどころか、指導者への反発しか生みません。それは、今の子どもたちは厳しい体験をしていないために、厳しさに対しての免疫が弱いからです。

したがって、厳しさを教えるには、従来の有無を言わさず選手にやらせるという根性論的な手法ではなく、ある程度論理的な手法を用いる必要があります。怒鳴ったり強制したりするばかりでなく、優しい口調ながら理詰めで選手を追い込んでいくようにするなど、選手や時代に合った手法に変えていかなくてはなりません。

ただ、忘れてはならないことは、方法論としては現代の風潮に合ったやり方を模索するにしても、子どもたちに教えなければならないことやコーチングの真髄そのものは、昔も今も変わらないということです。

その意味で、本書は指導者のみなさんのお役に立つものと思います。ぜひコーチングの方法と「何を教えなければならないか」をつかみ取ってください。

最後になりましたが、本書を出版する機会を与えてくださった体育とスポーツ出版社の橋本雄一社長に心より感謝の意を表します。

2012年8月

高畑好秀

■参考文献

◎日本スポーツ心理学会編　スポーツ心理学概論　不昧堂出版
◎日本体育協会編　選手とコーチのためのメンタルマネジメント・マニュアル　大修館書店
◎上田雅夫監修　スポーツ心理学ハンドブック　実務教育出版
◎宗像恒次著　新行動変容のヘルスカウンセリング　医療タイムス社
◎箱田忠昭著　成功するプレゼンテーション　日本経済新聞社
◎佐藤守男著　精神強化のコーチ学　日本教育新聞社
◎Ｂ・Ｊ・クラッティ著　体育スポーツ指導の心理学　講談社
◎高畑好秀著　メンタル強化バイブル　池田書店
◎高畑好秀著　野球のメンタルトレーニング　池田書店
◎高畑好秀著　勝負を決する！　スポーツ心理の法則　体育とスポーツ出版社

■著者プロフィール
高畑好秀（たかはたよしひで）

1968年、広島県生まれ。早稲田大学人間科学部スポーツ科学科スポーツ心理学専攻卒。日本心理学会認定心理士。同大学運動心理学研究生修了の後、数多くのプロ野球、Ｊリーグ、Ｖリーグ、プロボクシング、プロゴルファーなどのスポーツ選手やオリンピック選手などのメンタルトレーニングの指導を行う。日本コンディショニング＆アスレチック協会公認スポーツ心理学講師。NPO法人コーチズのスポーツ医科学チームリーダー、スポーツ総合サイトチームMAPSのスポーツ医科学チームリーダーを務める。スポーツメンタル、ビジネスメンタルに関する著書多数。また、テレビやラジオ、さまざまな雑誌、講演（企業、オリンピック協会、各種の競技連盟、高校野球連盟、各県の体育協会など）を通してメンタルトレーニングの普及に努めている。

◎企画・編集　美研クリエイティブセンター（Bcc）
◎カバー・本文デザイン　里村万寿夫
◎カバーイラスト　五十嵐晃
◎本文イラスト　糸永浩之

もっとその気にさせるコーチング術

2012年８月31日　初版第1刷発行

著　者　　高畑好秀
発行人　　橋本雄一
発行所　　株式会社体育とスポーツ出版社
〒101-0054　東京都千代田区神田錦町1-13宝栄錦町ビル3F
ＴＥＬ　03-3291-0911（代表）
ＦＡＸ　03-3293-7750
http://www.taiiku-sports.co.jp
印刷所　　美研プリンティング株式会社

乱丁・落丁はお取り替えいたします。
定価はカバーに表示してあります。
ISBN978-4-88458-261-6　C3075
Printed in Japan